Robin Sharma

Der Weg zu deiner wahren Größe

Die geheimen Strategien für grenzenlosen Erfolg

Robin Sharma

Der Weg zu deiner wahren Größe

Die geheimen Strategien für grenzenlosen Erfolg

Bibliografische Information der Deutschen Nationalbibliothek
Die Deutsche Nationalbibliothek verzeichnet diese Publikation in der Deutschen Nationalbibliografie. Detaillierte bibliografische Daten sind im Internet über https://dnb.de/ abrufbar.

Für Fragen und Anregungen:
info@m-vg.de

Wichtiger Hinweis
Ausschließlich zum Zweck der besseren Lesbarkeit wurde auf eine genderspezifische Schreibweise sowie eine Mehrfachbezeichnung verzichtet. Alle personenbezogenen Bezeichnungen sind somit geschlechtsneutral zu verstehen.

2. Auflage 2025

Die englische Ausgabe erschien 2006 bei HarperCollins unter dem Titel *The Greatness Guide.*

Übersetzung: Hans Freundl
Redaktion: Silke Panten
Korrektorat: Christine Rechberger
Umschlaggestaltung: in Anlehnung an das Cover der Originalausgabe, Marc-Torben Fischer, München
Satz: ZeroSoft, Timisoara
Druck: CPI books GmbH, Leck
Printed in the EU

ISBN Print 978-3-95972-643-6
ISBN E-Book (EPUB, Mobi) 978-3-98609-233-7

Ich widme dieses Buch in größtem Respekt und inniger Liebe meinen Eltern. Euch verdanke ich nicht nur das Geschenk des Lebens, sondern auch die brennende Leidenschaft, es in seiner ganzen Fülle zu leben. Dafür bin ich euch zutiefst dankbar.

Inhalt

»Das Leben ist ein reines Abenteuer, und je eher wir das erkennen, desto schneller können wir das Leben als Kunst behandeln.«

Maya Angelou

»Früher dachte ich, dass ich eines Tages in der Lage sein würde, die Triebkräfte, die mich in unterschiedliche Richtungen treiben, und die Spannungen zwischen den verschiedenen Menschen, die ich darstelle, aufzulösen. Jetzt erkenne ich, dass ich genau das bin. Ich habe das Gefühl, dass ich dem Lied in meinem Kopf näherkomme. Ich habe nicht nach der Gnade gesucht. Doch zum Glück hat die Gnade nach mir gesucht.«

Bono, Leadsänger von U2, zitiert in *Rolling Stone*

KAPITEL 1

Ich bin kein Guru

In den Medien werde ich manchmal als »Guru« für Leadership (oder auch für Selbstoptimierung) bezeichnet. Das bin ich aber nicht. Ich bin nur ein ganz normaler Mensch, der zufällig Ideen und Werkzeuge aufgespürt hat, die vielen Menschen geholfen haben, ihr bestmögliches Leben zu erreichen, und vielen Unternehmen, Weltklasse zu werden.

Aber ich möchte auch klar feststellen: Ich bin nicht anders als Sie. Auch ich habe meine Konflikte, meine Enttäuschungen und meine Ängste – aber auch meine Hoffnungen, meine Ziele und Träume. Ich hatte gute Zeiten und sehr schmerzhafte. Ich habe einige spektakulär gute Entscheidungen getroffen und auch unglaublich dumme Fehler gemacht. Ich bin einfach ein Mensch, der sich noch weiterentwickelt. Wenn ich Ideen äußere, die Sie vielleicht nützlich oder hilfreich finden, dann liegt das schlicht daran, dass ich mich stets und ständig mit jenen Erkenntnissen und Weisheiten beschäftige, die Sie auch gleich kennenlernen werden. Ich denke über praktische Möglichkeiten nach, wie ich Sie dabei unterstützen kann, Ihre Fähigkeiten in vollem Umfang zum Tragen zu bringen und Großes zu erreichen. Ich denke darüber nach, wie ich Unternehmen helfen kann, das Außergewöhnliche zu erreichen. Wenn Sie sich lange genug mit einer Sache beschäftigen, werden Sie eine tiefere Einsicht und ein besseres Verständnis dafür entwickeln. Dann nennt man Sie einen Guru.

Ein Mann hörte einmal bei einer Signierstunde in einem Buchladen in Bangalore in Indien, wie ich sagte: »Ich bin kein Guru.« Er kam auf mich zu und fragte: »Warum ist es Ihnen so unangenehm, als Guru bezeichnet zu werden? ›*Gu*‹ bedeutet in Sanskrit ›Dunkelheit‹ und ›*ru*‹ bedeutet ›vertreiben‹. Also bezeichnet das Wort ›Guru‹ einfach jemanden, der die Dunkelheit vertreibt und mehr Verständnis und Licht bringt.« Ein interessanter Punkt. Hat mich zum Nachdenken gebracht.

> Ich hatte gute Zeiten und auch sehr schmerzhafte. Ich habe einige **spektakulär** gute Entscheidungen getroffen und unglaublich dumme Fehler gemacht. Ich bin einfach ein **Mensch**, der sich noch weiterentwickelt.

Ich vermute, mein Unbehagen rührt daher, dass Sie, wenn Sie denken, ich sei anders als Sie, sagen könnten: »Nun, ich kann die Dinge, über die Robin spricht, nicht tun, weil er Talente und Fähigkeiten besitzt, die ich nicht habe. All die Dinge, über die er spricht, sind für ihn einfach. Er ist eben ein Guru.« Nein. Tut mir leid, dass ich Sie enttäuschen muss. Ich bin nur ein Mann, der hart arbeitet, um das Beste aus seinen Tagen zu machen, der versucht, ein großartiger alleinerziehender Vater für seine beiden wunderbaren Kinder zu sein, und der hofft, dass er auf irgendeine Weise etwas im Leben der Menschen bewirkt. Ich bin kein Guru. Aber der Gedanke, »die Dunkelheit zu vertreiben«, gefällt mir. Darüber möchte ich mehr erfahren. Vielleicht kann mir ein Guru helfen.

KAPITEL 2

HARVEY KEITEL UND DIE FENSTER DER GELEGENHEIT

Ich mache nicht alles immer richtig (ich sagte ja, ich bin kein Guru). Aber Sie sollen wissen, dass ich mich sehr bemühe, meinen Worten Taten folgen zu lassen und sicherzustellen, dass mein Verhalten mit meinem Reden übereinstimmt. Aber ich bin auch nur ein Mensch, und das bedeutet, dass ich manchmal Fehler mache (und einen perfekten Menschen habe ich noch nie getroffen). Ich meine damit Folgendes:

Ich verbringe viel Zeit damit, die Leser meiner Bücher und die Teilnehmer an meinen Workshops über persönliche und unternehmerische Führung dazu zu ermutigen, »auf ihre Ängste zuzugehen« und diese »Kubikzentimeter der Chance« (die Gelegenheiten) zu ergreifen, wenn sie sich bieten. Ich fordere meine Kunden auf, zu träumen, sich hervorzutun und sich etwas zu trauen, denn für mich besteht ein gut gelebtes Leben darin, nach dem Höchsten und dem Besten zu streben. Und meiner Meinung nach gewinnt derjenige, der die meisten Erfahrungen macht. Meistens zaudere ich nicht,

Orte aufzusuchen, die mir Angst machen, und Dinge zu tun, die mir unangenehm sind. Aber vor Kurzem habe ich dabei versagt. Es tut mir leid.

Ich befand mich in der Innenstadt von Toronto im Hotel »Four Seasons« und bereitete mich in der Lobby auf eine Rede vor, die ich vor einem Unternehmen namens Advanced Medical Optics halten sollte, einem langjährigen Kunden von uns im Bereich Leadership Coaching. Ich schaute auf, und raten Sie mal, wen ich sah? Harvey Keitel. Ja, den Harvey »*Reservoir Dogs* Big Movie Star« Keitel. Und was machte der Mann, der das Buch *Der Mönch, der seinen Ferrari verkaufte* geschrieben hat? Er schreckte vor Größe zurück.

Jeden Tag präsentiert Ihnen das **Leben** kleine Fenster der Gelegenheiten. Ihr **Schicksal** wird letztlich davon bestimmt werden, wie Sie auf diese Gelegenheiten **reagieren**.

Ich weiß nicht, warum ich nicht aufgestanden und hinübergegangen bin, um einen neuen Freund zu finden. Ich hatte genau das einst getan, als mir die Baseballlegende Pete Rose auf dem Flughafen von Chicago über den Weg gelaufen war (wir saßen anschließend auf dem ganzen Flug nach Phoenix nebeneinander). Letzten Sommer hatte ich Henry Kravis, einen der größten Investoren der Welt, in der Lobby eines Hotels in Rom getroffen (ich war mit meinen Kindern da, und Colby, mein elfjähriger Sohn, fand ihn ziemlich cool). Und ich hatte genau das getan, als ich Senator Edward Kennedy in Boston gesehen hatte. Ich hatte es sogar beim Gitarrenvirtuosen Eddie Van Halen gemacht, als ich noch ein Kind war und in Halifax in Nova Scotia aufwuchs. Aber ich habe die Chance verpasst, Harvey Keitel kennenzulernen.

Jeden Tag präsentiert Ihnen das Leben kleine Fenster der Gelegenheit. Ihr Schicksal wird letztlich davon bestimmt werden, wie Sie auf diese Gelegenheiten reagieren. Wenn Sie sich vor ihnen zurückziehen, wird Ihr Leben klein sein. Wenn Sie die Angst spüren und trotzdem die Chancen ergreifen, wird Ihr Leben groß sein. Das Leben ist einfach zu kurz, um sich mit dem Kleinen zu begnügen. Auch bei Ihren Kindern haben Sie nur ein winziges Zeitfenster, um ihre Entwicklung zu beeinflussen und ihr höchstes Potenzial zur Entfaltung zu bringen. Und um ihnen zu zeigen, wie bedingungslose Liebe aussieht. Wenn sich dieses Fenster schließt, ist es schwer, es wieder zu öffnen. Wenn ich Harvey Keitel noch einmal sehen sollte, das verspreche ich Ihnen, werde ich auf ihn zulaufen. Er mag mich für einen Promi-Stalker halten, bis wir anfangen zu plaudern. Und dann wird er die Wahrheit entdecken: Ich bin schlicht ein Mann, der die Geschenke annimmt, die ihm das Leben macht.

KAPITEL 3

NICHTS FÜHRT SO SCHNELL ZUM SCHEITERN WIE DER ERFOLG

Richard Carrión, Chef der größten Bank Puerto Ricos, sagte einmal einen Satz zu mir, den ich nie vergessen werde: »Robin, nichts führt so schnell zum Scheitern wie der Erfolg.« Ein mächtiger Gedanke. Sowohl Sie selbst als auch Ihr Unternehmen sind am verwundbarsten, wenn Sie am erfolgreichsten sind. Erfolg erzeugt Selbstgefälligkeit, Ineffizienz und – was am schlimmsten ist – Arroganz. Wenn Menschen und Unternehmen wirklich erfolgreich sind, verlieben sie sich oft in sich selbst. Sie hören auf, innovativ zu sein, hart zu arbeiten und Risiken einzugehen und beginnen, sich auf ihren Lorbeeren auszuruhen. Sie gehen in die Defensive und verwenden ihre Energie darauf, ihren Erfolg zu schützen, anstatt jenen Tugenden treu zu bleiben, die sie an die Spitze gebracht haben. Jedes Mal, wenn ich diesen Punkt in einem Seminar mit Unternehmenslenkern anspreche, nicken alle zustimmend. Ich möchte Ihnen ein praktisches Beispiel aus meinem eigenen Leben geben.

Letztes Wochenende war ich mit meinen Kindern bei unserem Lieblingsitaliener. Das Essen dort ist unglaublich. Die beste Bresaola außerhalb Italiens. Himmlische Pasta. Super schaumige Milchkaffees, deretwegen ich am liebsten meinen Job aufgeben und Barista werden würde. Aber der Service in diesem Restaurant ist schlecht, wirklich schlecht (wie in den meisten Lokalen). Und warum? Weil der Laden immer voll ist. Und weil es den Betreibern so gut geht, betrachten sie die Schlangen vor der Tür als selbstverständlich. Und wissen Sie was? Das ist der Anfang vom Ende.

Ich mache liebend gerne Fotos. Mein Vater hat mir beigebracht, die Reise meines Lebens auf Fotos festzuhalten. Deshalb trage ich meistens eine kleine Kamera bei mir. Ich fragte unsere Kellnerin, ob sie ein Foto von meinen Kindern und mir machen würde, während wir in unsere Spaghetti bissen. »Ich habe keine Zeit«, lautete die knappe Antwort. Unglaublich. Sie war zu beschäftigt, um sich fünf Sekunden Zeit zu nehmen, um einen Kunden glücklich zu machen. Zu beschäftigt, um anderen einen kleinen Gefallen zu erweisen. Zu beschäftigt, um etwas Menschlichkeit zu zeigen.

Je **erfolgreicher** Sie und Ihr Unternehmen werden, desto bescheidener und **demütiger** müssen Sie gegenüber Ihren Kunden sein.

»Nichts führt so schnell zum Scheitern wie der Erfolg.« Richard Carrion hat es verstanden. Das gilt auch für David Neeleman, den Vorstandschef von JetBlue, der beobachtet hat:

»Wenn man Geld verdient und gute Gewinnspannen erzielt, neigt man dazu, nachlässig zu werden.« Viele Firmenchefs widerstehen der Versuchung. Je erfolgreicher Sie und Ihr Unternehmen werden, desto bescheidener und demütiger müssen Sie gegenüber Ihren Kunden sein. Desto mehr müssen Sie sich der Effizienz und der unermüdlichen Verbesserung verschreiben. Desto schneller müssen Sie werden. Desto größeren Mehrwert müssen Sie schaffen. Denn genau in dem Moment, in dem Sie aufhören, jene Dinge zu tun, die Sie auf den Gipfel des Berges gebracht haben, beginnt der Abstieg ins Tal.

KAPITEL 4

SEIEN SIE EIN ROCKSTAR BEI DER ARBEIT

Ich habe gerade in *Fortune* einen Artikel über die Jungs von Google und ihren wirtschaftlichen Erfolg gelesen. Er hat mich zu einer Flut von Ideen inspiriert (so ist das oft beim Lesen, nicht wahr?). Der Artikel hat mir wieder vor Augen geführt, wie wichtig es ist, sich bei der Arbeit voll zu engagieren, seine ganze Brillanz einzubringen und sein Bestes zu geben. Seine Aufgaben mit großer Leidenschaft anzugehen. Sich in atemberaubender Weise für die großen Projekte zu engagieren und die besten Gelegenheiten zu nutzen. Ein Rockstar zu sein in dem, was man tut, um sein täglich Brot zu verdienen.

Arbeit gibt unserem Leben einen Sinn. Sie beeinflusst unseren Selbstwert und die Art und Weise, wie wir unseren Platz unter der Sonne wahrnehmen. Großartig zu sein in dem, was man tut, ist nicht nur etwas, das man für die Firma tut, für die man arbeitet – es ist ein Geschenk, das man sich selbst macht. Wenn man in seiner Arbeit spektakulär gut ist, fördert das den persönlichen Respekt und die Begeisterung und es macht das Leben einfach viel interessanter. Gutes widerfährt Menschen, die selbst Gutes tun. Und wenn Sie Ihre höchsten Talente und Ihre tiefste Hingabe in Ihre Arbeit einbringen, bereiten Sie sich in Wirklichkeit auf eine reichere, glücklichere und erfüllendere Lebenserfahrung vor.

Wie fühlen Sie sich nach einem außerordentlich produktiven Tag? Wie fühlen Sie sich, wenn Sie Ihr Bestes gegeben haben, Spaß mit Ihren Teamkollegen hatten und sich für Ihre Kunden besonders angestrengt haben? Wie fühlen Sie sich, wenn Sie all Ihr Herzblut in Ihre Arbeit gesteckt haben? Wie fühlen Sie sich, wenn Sie nach Ihren höchsten Zielen gegriffen und sie erreicht haben? Es ist ein ziemlich gutes Gefühl, nicht wahr? Und man muss nicht den bedeutendsten Titel haben, um den besten Job zu machen. Dabei denke ich an die Worte von Dr. Martin Luther King Jr. – einem meiner Helden –, der einmal sagte: »Wenn ein Mann dazu berufen ist, Straßenkehrer zu sein, sollte er Straßen fegen, so wie Michelangelo gemalt hat, wie Beethoven Musik komponiert oder Shakespeare Gedichte geschrieben hat. Er sollte die Straßen so gut kehren, dass alle Heerscharen des Himmels und der Erde innehalten und sagen: ›Hier lebte ein großer Straßenkehrer, der seine Arbeit gut gemacht hat.‹«

Man muss nicht den bedeutendsten Titel haben, um den besten Job zu machen.

Seien Sie also heute ein Rockstar bei der Arbeit. Betreten Sie die Bühne des heutigen Tages und spielen Sie sich die Seele aus dem Leib. Geben Sie die Vorstellung Ihres Lebens. Begeistern Sie Ihr Publikum und bringen Sie es dazu, Ihnen zuzujubeln. Seien Sie der Bono des Heftklammerverkaufs. Seien Sie der Keith Richards der Buchhaltung. Seien Sie der Jimi Hendrix der Personalabteilung. Und wenn Sie berühmt sind und Menschen aus aller Welt Sie um ein Autogramm bitten, schreiben Sie mir eine Nachricht. Ich würde mich freuen, von Ihnen zu hören.

KAPITEL 5

IHRE TAGE BESTIMMEN IHR LEBEN

Die große Idee lautet: Ihre Tage sind Ihr Leben in Miniatur. Wie Sie Ihre Stunden leben, so gestalten Sie Ihre Jahre. Wie Sie Ihre Tage leben, so gestalten Sie Ihr Leben. Was Sie heute tun, gestaltet Ihre Zukunft. Die Worte, die Sie sprechen, die Gedanken, die Sie denken, die Nahrung, die Sie zu sich nehmen, und die Handlungen, die Sie ausführen, bestimmen Ihr Schicksal – sie bestimmen, wer Sie werden und wofür Ihr Leben stehen wird. Kleine Entscheidungen führen zu großen Konsequenzen – im Laufe der Zeit. So etwas wie einen unwichtigen Tag gibt es nicht.

Wie Sie Ihre Tage **leben**, so **gestalten** Sie Ihr Leben.

Jeder von uns ist zu Großem berufen. Jeder von uns trägt eine außergewöhnliche Kraft in sich. Jeder von uns kann einen bedeutenden Einfluss auf die Welt um sich herum ausüben – wenn wir es wollen. Aber damit diese innere Kraft wachsen kann, müssen wir sie nutzen. Und je mehr wir sie ausüben, desto stärker wird sie. Je mehr man diese Kraft nutzt, desto selbstbewusster wird man. Henry David Thoreau brachte diesen Aspekt sehr gut zum Ausdruck, als er schrieb: »Ich kenne keine ermutigendere Tatsache als die fraglose Fähigkeit des Menschen, sein Leben durch bewusste Anstrengung weiterzuentwickeln.« Und der Werbe-Guru Donny Deutsch fügte eine aktuellere Sichtweise hinzu, als er in seinem Buch *Often Wrong, Never in Doubt* schrieb: »Unter allen Menschen, die das Zeug dazu haben, schafft es nur einer von hundert, etwas wirklich Außergewöhnliches zustande zu bringen, nämlich derjenige, der sich sagt: ›Warum nicht ich?‹ und es anpackt.«

Die Besten unter uns sind nicht begabter als alle anderen. Sie machen einfach jeden Tag kleine Schritte auf dem Weg zu ihrem großartigsten Leben. Und die Tage werden zu Wochen, die Wochen werden zu Monaten, und schneller als erwartet sind sie an einem Ort angekommen, den man das Außergewöhnliche nennt.

KAPITEL 6

TRINKEN SIE KAFFEE MIT GANDHI

Lesen ist eine der besten Möglichkeiten, die ich kenne, um sich geistig »in Form« zu halten. Beim Lesen eines guten Buches führt man gewissermaßen ein Gespräch mit dem Autor. Und wir werden dann selbst zu unseren Gesprächen. Stellen Sie sich vor, Sie lesen heute Abend bei einer Tasse Kaffee Mahatma Gandhis Memoiren *Eine Autobiografie oder Die Geschichte meiner Experimente mit der Wahrheit* und können so bei diesem großen Mann hinter die Kulissen blicken und erfahren, wie er tickte. Wollen Sie morgen mit Madonna abhängen? Nehmen Sie ihr Buch zur Hand. Gleiches gilt für Jack Welch, Mutter Teresa, Bill Gates, Salvador Dalí oder den Dalai Lama. Und wenn Sie ein Buch von jemandem lesen, den Sie respektieren, können Sie etwas von seiner Brillanz auf sich abfärben lassen. Die Hand, die ein großartiges Buch zur Seite legt, wird nie wieder dieselbe sein. Wie der Richter Oliver Wendell Holmes bemerkte: »Ein Geist, der einmal durch eine neue Idee erweitert wurde, kann nie wieder in seine ursprünglichen Dimensionen zurückkehren.«

Als ich aufwuchs, sagte mein Vater einmal zu mir: »Spare bei deiner Miete oder kürze deine Ausgaben für Lebensmittel, aber mach dir nie Gedanken darüber, ob du Geld in ein gutes Buch investieren sollst.« Dieser kraftvolle Gedanke hat mich mein ganzes Leben lang begleitet. Mein Vater war überzeugt, dass eine einzige Idee, die man in einem Buch entdeckt, ausreicht, um einen auf eine ganz neue Ebene zu heben und die Art und Weise, wie man die Welt sieht, völlig zu verändern. Und so füllte sich unser Haus mit Büchern. Und jetzt versuche ich jeden Tag, mindestens eine Stunde dem Lesen zu widmen. Allein diese Gewohnheit hat mich verändert. Ich danke dir, Papa.

Mein vielleicht größtes Geschenk an meine Kinder, wenn ich sterbe, wird meine Bibliothek sein. Sie enthält Bücher zu den Themen Führung, Beziehungen, Wirtschaft, Philosophie, Wellness, Spiritualität, großartiges Leben und vielen mehr, für die ich mich besonders interessiere. Viele dieser Bücher habe ich in Buchläden überall auf der ganzen Welt gekauft, wenn ich geschäftlich unterwegs war. Diese Werke haben mein Denken geprägt. Sie haben meine persönliche Philosophie geformt. Sie haben mich zu dem Mann gemacht, der ich heute bin. Für mich sind meine Bücher unbezahlbar.

Wenn man ein Buch von jemandem **liest**, den man respektiert, färbt etwas von dessen **Brillanz** auf einen selbst ab.

Die alte Redewendung ist wahr: »Zu wissen, wie man liest, und nicht zu lesen, ist fast dasselbe, wie nicht zu wissen, wie man liest.« Nehmen Sie sich die Zeit, jeden Tag etwas Gutes zu lesen. Füllen Sie Ihren Geist mit großen Ideen und schillernden Gedanken. Nutzen Sie Bücher, um Ihre Seele mit Hoffnung und Inspiration zu überfluten. Und denken Sie daran: Wenn Sie führen wollen, müssen Sie lesen. Ach, und wenn Sie – wie auch ich – die Angewohnheit haben, mehr Bücher zu kaufen, als Sie jemals lesen können, fühlen Sie sich nicht schuldig – Sie bauen Ihre Bibliothek auf. Und das ist eine wundervolle Sache.

KAPITEL 7

TRAUEN SIE SICH UND WAGEN SIE ETWAS

Ich versage häufiger als die meisten Menschen. Ich scheitere dauernd. Ich habe unzählige Male im Geschäftsleben versagt. Ich hatte Misserfolge in Beziehungen. Ich habe im Leben versagt. Ich habe mich immer gefragt, warum das so ist. Ich spielte den armen Kerl und litt an der gefürchteten Krankheit *victimitis infinitus.* Aber jetzt verstehe ich es. Ich bin auf dem Weg zu meinem bestmöglichen Leben ins Stolpern gekommen. Scheitern ist der Preis für Großartigkeit. Scheitern ist eine wesentliche Voraussetzung für herausragende Leistungen. Wie der Innovationsguru David Kelley schrieb: »Scheitere früh und oft. Und sei schneller erfolgreich.« Man kann nicht gewinnen, ohne seine Komfortzone zu verlassen und gewisse kalkulierte Risiken einzugehen. Kein Risiko, keine Belohnung. Und je mehr Risiken Sie bei der Verfolgung Ihrer Träume eingehen, desto öfter werden Sie scheitern.

Zu viele von uns leben in dem, was ich den sicheren Hafen des Bekannten nenne. Seit 20 Jahren das gleiche Frühstück. Seit 20 Jahren die gleiche Fahrt zur Arbeit. Seit 20 Jahren die gleichen Gespräche. Seit 20 Jahren die gleiche Denkweise. Ich möchte diese Art von Leben nicht verurteilen. Wenn es Sie befriedigt, dann ist das großartig. Gleichzeitig kenne ich niemanden, der mit einem solchen Leben wirklich glücklich ist. Wenn Sie weitermachen wie bisher, werden Sie auch weiterhin das bekommen, was Sie bisher bekommen haben. Nach Einstein besteht Irrsinn darin, dass man immer wieder das Gleiche tut, aber andere Ergebnisse erwartet. Die meisten Menschen führen ihr Leben auf diese Weise. Wahre Freude erlebt man dagegen, wenn man etwas riskiert und Chancen ergreift. Ja, Sie werden mehr Misserfolge erleben. Aber wissen Sie was? Auch der Erfolg wird sich häufiger einstellen.

Scheitern ist nur ein Teil des Prozesses auf dem Weg zur Weltklasse. »Fehlschläge sind das Kennzeichen von Spitzenleistungen«, erklärte der Managementberater Tom Peters. Die besten Unternehmen der Welt haben häufiger Fehlschläge erlitten als die durchschnittlichen Unternehmen. Die erfolgreichsten Menschen auf der Welt sind öfter gescheitert als normale Menschen. Für mich gibt es nur eine Art von Scheitern, nämlich dass man es nicht schafft oder versäumt, etwas zu versuchen, zu träumen und zu wagen. Das wahre Risiko liegt im risikolosen Leben. Mark Twain brachte dies sehr schön zum Ausdruck mit seiner Bemerkung: »In zwanzig Jahren wirst du enttäuschter sein über die Dinge, die du nicht getan hast, als über die Dinge, die du getan hast.«

Das wahre **Risiko** liegt im **risikofreien** Leben.

Also nur zu, trauen Sie sich. Fragen Sie nach dem besten Tisch in Ihrem Lieblingsrestaurant. Bitten Sie bei Ihrem nächsten Flug um ein Upgrade in die erste Klasse (viel Glück). Bitten Sie Ihren Arbeitskollegen um mehr Verständnis. Bitten Sie Ihren Liebsten oder Ihre Liebste zu Hause um mehr Liebe. Tun Sie es. Dazu möchte ich Sie ermutigen. Und denken Sie daran: Sie können kein Spiel gewinnen, das Sie nicht selbst spielen.

KAPITEL 8

Lassen Sie sich eine frische Brise um die Nase wehen

Vor einiger Zeit war ich mit meinen Kindern, die großartige Tennisspieler sind, in meinem Tennisclub. Ich bin bestenfalls ein guter Balljunge. Ein Mann, den ich auf Anfang 70 schätze, kam auf mich zu und begann ein Gespräch. Ein interessanter Mensch. Er hatte anscheinend schon viel erlebt. Nach ein paar Minuten schloss er die Augen und lächelte. Ich fragte: »Was haben Sie?« Seine Antwort bleibt mir unvergesslich: »Ach, nichts. Ich lasse mir nur gerade die frische Brise um die Nase wehen.« Toll.

Die besten **Freuden** des Lebens sind oft die einfachsten. Wenn Sie Ihr Leben damit bereichern, wird Ihr Herz **glücklich** sein.

In der heutigen Zeit, in der man immer mehr will, mehr braucht und mehr hat, ist es wirklich erfrischend, wenn jemand über die einfachen Freuden des Lebens spricht. Um es klar zu sagen: Ich habe nichts gegen materielle Dinge.

Entgegen der verbreiteten Meinung ist *Der Mönch, der seinen Ferrari verkaufte* kein Manifest gegen das Geldverdienen und das Genießen des guten Lebens. Meine Hauptbotschaft lautete einfach: »Denken Sie daran, was am wichtigsten ist, um ein großartiges Leben zu führen.« Fahren Sie einen BMW, tragen Sie Prada, wohnen Sie im »Four Seasons« und verdienen Sie eine Menge Geld, wenn Sie das glücklich macht. Das Leben bietet mannigfaltige materielle Freuden, die die Reise wirklich angenehmer machen. Es gibt keinen Grund, sich schuldig zu fühlen, wenn man sie genießt. Vergessen Sie dabei jedoch bitte nicht die einfachen, aber wunderbaren Schätze, die man auf dem Weg finden kann. Dazu gehören tiefe zwischenmenschliche Beziehungen, die Möglichkeit, durch eine erfüllende Arbeit sein Bestes zu geben, die Erkundung der Welt und das Erleben der herrlichen Natur – wie zum Beispiel ein eindrucksvoller Sonnenuntergang, der die Seele erfüllt, oder ein Vollmond vor einem sternenübersäten Himmel.

Die besten Freuden des Lebens sind oft die einfachsten. Wenn Sie Ihr Leben damit bereichern, wird Ihr Herz glücklich sein. Und Sie können sich eine frische Brise um die Nase wehen lassen.

KAPITEL 9

NEHMEN SIE SICH ZEIT ZUM NACHDENKEN

Ich habe das Glück, dass ich durch meine Arbeit regelmäßig interessante Menschen aus allen Bereichen des Lebens treffe. Ich lerne Filmemacher und Dichter kennen, herausragende Studenten, weise Lehrer und visionäre Unternehmer. Jede dieser Begegnungen hat mich etwas gelehrt und meine Sichtweise beeinflusst. Kürzlich aß ich mit einem der bedeutendsten Unternehmenslenker Asiens zu Abend. Ich fragte ihn nach dem Geheimnis seines unerhörten Erfolgs. Er lächelte und antwortete: »Ich nehme mir Zeit zum Nachdenken.« Jeden Morgen verbringt er mindestens 45 Minuten mit geschlossenen Augen, tief in Gedanken versunken. Er meditiert nicht. Er betet nicht. Er denkt nach.

Manchmal analysiert er dabei geschäftliche Herausforderungen. Ein anderes Mal denkt er über neue Märkte nach. Wieder andere Male sinniert er über den Sinn seines Lebens und darüber, wofür es stehen soll. Oft träumt er einfach von neuen Möglichkeiten, sich persönlich und beruflich weiterzuentwickeln. Hin und wieder verbringt er zwischen sechs und acht Stunden damit. Er sitzt schweigend da. Still. Mit geschlossenen Augen. Und denkt nach.

Sich die Zeit zum Nachdenken zu nehmen, ist eine hervorragende Strategie, um auf dem Gebiet des Leadership und im Leben überhaupt erfolgreich zu werden. Zu viele Menschen verbringen die besten Stunden ihres Tages ausschließlich mit dem Tun, mit der Ausführung der Dinge. Kürzlich bemerkte ein Kunde mir gegenüber: »Robin, manchmal bin ich so beschäftigt, dass ich gar nicht mehr weiß, womit ich mich eigentlich beschäftige.« Und was ist, wenn er mit den falschen Dingen beschäftigt ist? Kaum etwas ist so enttäuschend wie die Tatsache, dass man all seine Zeit, seine Energie und sein Potenzial in das Erklimmen eines Berges investiert, nur um dann, wenn man oben angekommen ist, festzustellen, dass man den falschen Berg bestiegen hat. Durch Nachdenken und Reflektieren kann man sicherstellen, dass man auf den richtigen Berg gelangt. Der Management-Experte Peter Drucker hat es sehr schön gesagt: »Nichts ist so nutzlos, wie etwas effizient zu tun, was eigentlich gar nicht getan werden sollte.«

Der Management-Experte Peter Drucker hat es sehr schön gesagt: »Nichts ist so **nutzlos**, wie etwas effizient zu tun, was eigentlich **gar nicht** getan werden sollte.«

Durchdachtes und strategisches Handeln ist der erste Schritt auf dem Weg zur Größe. Klarheit geht dem Erfolg voraus. Wenn Sie mehr nachdenken, entwickeln Sie ein besseres Gespür für Ihre Prioritäten und die Dinge, auf die Sie sich konzentrieren müssen. Ihre Handlungen werden klarer, bewusster und zielgerichteter sein. Sie werden bessere und klügere Entscheidungen treffen. Wenn Sie mehr Zeit für das Nachdenken aufbringen, werden Sie weniger reaktiv handeln. Ihnen wird klarer werden, wie Sie Ihre Zeit am besten nutzen können (was Ihnen wiederum Zeit sparen wird). Und diese »Denkzeit« wird Sie auf erstaunliche Ideen bringen und zu großen Träumen inspirieren. Lewis Carroll hat diesen Aspekt in *Alice im Wunderland* sehr schön angesprochen, als er schrieb:

»›Ich brauche es gar nicht zu versuchen‹, sagte Alice. ›Etwas Unmögliches kann man nicht glauben.‹ ›Du wirst darin wohl noch nicht die rechte Übung haben‹, erwiderte die Königin. ›In deinem Alter habe ich täglich eine halbe Stunde darauf verwendet. Zuzeiten habe ich vor dem Frühstück bereits bis zu sechs unmögliche Dinge geglaubt.‹«

KAPITEL 10

FÜHRUNG BEGINNT, WENN MAN IMMER NOCH EINEN SCHRITT WEITERGEHT

Ich hatte gerade Colby und Bianca an der Schule abgesetzt und war auf dem Weg ins Büro, als ich eine Eingebung hatte, die mich dazu brachte, anzuhalten. Da saß ich also, mit eingeschaltetem Warnblinker am Straßenrand, und tippte dies auf meinem BlackBerry ein, weil ich es mit Ihnen teilen wollte. Die große Idee: Führung – und Erfolg – beginnen mit der »Extrameile«, wenn man also immer noch einen Schritt weitergeht.

Gewöhnliche Menschen investieren nicht viel Zeit in die »Extrameile«. Aber wer hat je behauptet, **Sie** seien gewöhnlich?

Leadership zeigt sich zum Beispiel darin, dass man als Verkäufer am Ende eines anstrengenden Tages noch zusätzliche Anrufe tätigt – nicht, weil es einfach ist, sondern weil es das Richtige ist. Führungsqualitäten demonstriert der Manager, der einen Bericht fertigstellt, in den er sein ganzes Können gesteckt hat, und dann später noch einmal darauf zurückkommt, um ihn zu verfeinern und weiter zu verbessern. Führung zeigt sich in einem Team, das sein Wertversprechen gegenüber einem Kunden einhält und sich noch darüber hinaus engagiert, um ihn zu begeistern. Und Führungskraft zeigt sich auch bei einem Menschen, der an einem ungemütlichen Tag gegen den Drang ankämpft, unter der Bettdecke liegen zu bleiben, sich stattdessen die Laufschuhe anzieht und hinausgeht auf die Straße. Nicht, weil es Spaß macht, an einem frostigen Morgen ein paar Kilometer zu laufen. Sondern weil es klug ist.

Bitte denken Sie über diesen Gedanken nach. Ich halte ihn für sehr wichtig. Diejenigen unter uns, die außergewöhnliche Karrieren und ein bewundernswertes Leben führen, sind diejenigen, die die meiste Zeit damit verbringen, ihr Bestes zu geben und die »Extrameile« zu laufen. Ja, gewöhnliche Menschen investieren nicht viel Zeit in die »Extrameile«. Aber wer hat je behauptet, Sie seien gewöhnlich?

KAPITEL 11

MICK JAGGER UND ORIENTIERUNGSPUNKTE

Letzten Montagabend erlebte ich, wie ein 62-jähriger Mann mehr als zwei Stunden lang vor 30 000 begeisterten Fans das Haus rockte. Ja, Mick ist 62. Der einst junge Stones-Frontmann ist in die Jahre gekommen. Aber er hat immer noch dieses Charisma. Er hat immer noch die Bewegungen. Er hat immer noch die Jugend.

Als ich ihm zusah, fiel mir ein Begriff ein, den ich oft in meinen Seminaren verwende: »Orientierungspunkte«. Letzte Woche hörte ich, wie jemand sagte: »Ich bin jetzt über sechzig – ich gehe allmählich dem Ende meines Lebens entgegen.« Nicht, wenn Mick der Punkt ist, an dem Sie sich orientieren.

Positive Orientierungspunkte werden Sie zu einer neuen Sichtweise der Dinge führen und Ihnen neue Möglichkeiten eröffnen. Türen, von denen Sie nicht einmal wussten, dass es sie gibt, werden sich zu öffnen beginnen. Lance Armstrong ist ein großartiger Orientierungspunkt, was Beharrlichkeit betrifft. Mein Vater ist ein gutes Beispiel für Integrität. Meine Mutter ist ein außerordentliches Beispiel für Freundlichkeit.

Meine Kinder sind ein hervorragendes Beispiel dafür, wie bedingungslose Liebe und grenzenlose Neugierde aussehen. Richard Branson ist ein spektakuläres Beispiel dafür, wie man ein erfülltes Leben führt. Madonna ist ein großartiges Beispiel dafür, wie man sich neu erfindet. Peter Drucker war ein wunderbares Beispiel für die Bedeutung des lebenslangen Lernens. Nelson Mandela ist ein brillanter Orientierungspunkt für Mut und Humanität.

Oft haben wir schwache Bezugspunkte, sodass wir eher die Grenzen sehen als die Möglichkeiten, die uns eine Situation bietet. Mit Weltklasse-Orientierungspunkten werden Sie viel mehr von Ihrem Potenzial erkennen und das Leben wird mehr Wunder bereithalten. Sie werden als Mensch gewissermaßen ein »größeres Rad« drehen, wenn Sie sich die richtigen Menschen zum Vorbild nehmen. Wir sind alle aus dem gleichen Holz geschnitzt. Wir sind alle aus Fleisch und Blut. Wenn andere es zu etwas Großem bringen können, dann können Sie es auch. Sie müssen nur die gleichen Dinge tun, die Ihre Orientierungspersonen getan haben, um deren Spitzenniveau zu erreichen.

Positive Orientierungspunkte werden Ihnen eine **neue** Sichtweise der Dinge und neue **Möglichkeiten** eröffnen. Türen, von denen Sie nicht einmal wussten, dass sie existieren, werden sich öffnen.

Und ich sage Ihnen eines: Wenn ich 62 bin, möchte ich wie Mick sein. Denn er hat gerade erst angefangen.

KAPITEL 12

IM GESCHÄFTSLEBEN GEHT ES UM BEZIEHUNGEN

Während ich dieses Kapitel schreibe, sitze ich in einem Flugzeug in Frankfurt. Gestern habe ich mich mit Verlegern getroffen, die mein Buch *Der Mönch, der seinen Ferrari verkaufte* in der ganzen Welt vertrieben haben. Jedes Jahr im Herbst erwacht Frankfurt zum Leben, wenn 250 000 Verlagsleute zur weltgrößten Buchmesse in die Stadt strömen. Für mich ist heute der letzte Tag einer 20-tägigen Vortrags- und Buchtour, die mich durch Indien (eines meiner Lieblingsländer), nach Istanbul (ein fantastischer Ort) und schließlich in diese mittelgroße deutsche Stadt führte. Ich habe in den letzten drei Wochen so viel gelernt. Ich habe so viele erstaunliche Menschen getroffen, die mich mit ihrer Freundlichkeit beglückt haben. Ich war bewegt von der Veränderung der Menschen, die ihr Leben selbst in die Hand nehmen und mit gutem Beispiel vorangehen. Vor allem aber wurde ich daran erinnert, dass nur wenige Dinge so wichtig sind wie der Aufbau von Beziehungen.

Wie leicht vergisst man, dass es im Geschäft und im Leben letztlich nur darum geht, zwischenmenschliche Bande zu knüpfen. Auf dieser Tournee habe ich bei Signierstunden mit meinen Lesern gelacht. Ich habe mit den Kunden gegessen, für die wir Führungskräfte-Schulungen durchführen. Ich habe mit meinen Verlegern Kaffee getrunken. Ich habe die Menschen in dieser Gemeinschaft kennengelernt, die um meine Botschaft herum gewachsen ist. Und sie haben mich kennengelernt.

Darum geht es letztlich: Die Menschen wollen sehen, dass Sie echt sind. Dass Sie anständig, freundlich und vertrauenswürdig sind. Sie wollen Sie fühlen und spüren und Ihnen in die Augen schauen, um zu sehen, aus welchem Holz Sie geschnitzt sind. Sie wollen wissen, mit welcher Leidenschaft Sie für das eintreten, wofür Sie stehen. Und wenn sie spüren, dass Sie es ernst meinen, werden sie sich Ihnen öffnen. Wenn sie sehen, dass Sie nur ihr Bestes im Sinn haben, werden sie Ihnen vertrauen – und auch Ihr Bestes im Auge behalten. Wenn sie merken, dass Sie gut sind, werden sie auch gut zu Ihnen sein. Und Ihre Karriere (und Ihr Leben) werden sich auf der Grundlage dieser vertrauensvollen Beziehungen in einer Art und Weise entwickeln, die man Weltklasse nennt. Man vergisst leicht, dass Menschen gerne mit Menschen zusammenarbeiten, die sie mögen und die ihnen ein gutes Gefühl vermitteln. Eigentlich eine Selbstverständlichkeit, ich weiß. Doch die meisten von uns schaffen es nicht, sich diese Grundhaltung anzueignen. Erfolg ist vor allem eine Frage der Beständigkeit in Bezug auf die Grundeinstellung. Das Einzige, was wirklich Raketenwissenschaft ist, ist die Raketenwissenschaft.

Man vergisst **leicht**, dass Menschen gerne mit Menschen zusammenarbeiten, die sie **mögen**.

Ich möchte Sie also aufrufen, Ihr Büro zu verlassen und hinauszugehen auf die Straße. Wenn Sie draußen unterwegs sind, können gute Dinge geschehen. Es passiert aber erst etwas, wenn Sie sich bewegen. Schütteln Sie Hände. Laden Sie Leute zum Essen ein. Zeigen Sie echtes Interesse. Demonstrieren Sie Ihren guten Willen. Verkünden Sie Ihre Botschaft. Denken Sie daran, dass Sie das Herz eines Menschen berühren müssen, bevor er Ihnen die Hand reicht. Und dass es im Geschäftsleben vor allem um Beziehungen geht.

KAPITEL 13

LEBENSLEKTIONEN VON SPONGEBOB SCHWAMMKOPF

SpongeBob Schwammkopf ist mein Held. Als meine Kinder und ich heute Morgen frühstückten, kam Bianca, meine neunjährige Tochter, auf diesen verrückten kleinen Zeichentrick-Charakter zu sprechen. »Daddy, ist SpongeBob ein echter Mensch?« Ich musste zuerst lachen, aber dann kam ich ins Grübeln. Wenn SpongeBob ein Mensch wäre, wäre diese Welt wohl ein besserer Ort. Ganz im Ernst. Hier sind vier Lektionen, die uns SpongeBob lehren kann, um mehr Freude am Leben zu haben:

Seien Sie der ewige Optimist. *Der Typ (oder Schwamm, wie ich eigentlich sagen sollte) sieht immer das Beste in jeder Situation. Das Denken formt die Realität. Und weil SpongeBob stets nach dem Besten sucht, findet er es auch.*

Bringen Sie anderen Menschen Wertschätzung entgegen. *SpongeBob weiß, was Freundschaft bedeutet. Er liebt seine Freunde in Bikini Bottom, sogar Thaddäus, »der immer schlecht drauf ist«, um es mit den Worten meines Sohnes zu sagen. SpongeBob weiß, dass Respekt und Rücksichtnahme auf andere zwei der wichtigsten Elemente für starke Beziehungen sind.*

Seien Sie ein Original. *SpongeBob ist ein einzigartiges Wesen. Zu viele von uns haben Angst, sie selbst zu sein. Also geben wir unsere Träume auf, um der Masse zu folgen. Das ist tragisch. »Sei dir selbst treu«, schrieb Shakespeare. Haben Sie den Mut, Ihr wahres – und großartiges – Ich zu sein. (Warren Buffett, der Chef von Berkshire Hathaway, sagte einmal: »Es kann keine zwei Dus geben.«)*

Zu viele von uns haben **Angst**, sie selbst zu sein. Also geben wir unsere Träume auf, um der Masse zu folgen.

Lachen Sie und haben Sie Spaß. *Es ist nicht gerade beglückend, erfolgreich, aber traurig zu sein. Ja, streben Sie nach dem Gipfel des Berges. Aber genießen Sie auch den Aufstieg. Das Leben sollte keine Tortur sein. Es sollte ein Fest sein. Haben Sie also viel Spaß bei der Jagd nach Ihren Träumen – und beim Erreichen dieser Träume.*

KAPITEL 14

WIE MAN EIN GLÜCKLICHERER MENSCH WIRD

Hier ist eine einfache Idee, die für die Führungskräfte und Unternehmer, die ich berate, stets sehr hilfreich war: Wenn Sie glücklicher sein wollen, tun Sie mehr von den Dingen, die Sie glücklich machen. Ich weiß, das klingt wie eine Selbstverständlichkeit, ist es aber nicht. Wenn wir die wunderbaren Jahre der Kindheit hinter uns lassen, hören die meisten von uns auf, jene Dinge zu tun, die unser Herz erfreuen. Ein Firmenchef, der zu meinen Kunden gehört, erzählte mir kürzlich, dass er als junger Mann gerne allein lange Ausflüge mit dem Fahrrad unternahm. »Ich habe damit aufgehört, als wir Kinder bekamen und die Arbeitsanforderungen überhandnahmen. Das Leben wurde einfach hektischer. Aber diese Momente auf dem Fahrrad gehören zu den besten Tagen meines Lebens.« Ein anderer Kunde, ein sehr erfolgreicher Unternehmer, erzählte mir, dass er früher als Schlagzeuger in einer Rockband gespielt habe. »Das waren unglaubliche Zeiten. Dann habe ich mein Unternehmen gegründet, und es begann mich zu verzehren. Mir fehlt das Musikmachen. Ich habe dabei immer alles um mich herum vergessen.«

So können Sie vorgehen: Erstellen Sie eine Liste mit Ihren zehn schönsten Erlebnissen, Ihren zehn Aktivitäten, die Ihr Herz mit Freude erfüllen und Sie daran erinnern, wie schön das Leben sein kann. Und dann nehmen Sie in den kommenden zehn Wochen jeweils eine dieser Aktivitäten in Ihren Wochenplan auf. Dahinter steckt folgender Gedanke: Dinge, die geplant angegangen werden, werden auch erledigt. Solange Sie etwas nicht konkret planen, ist es nur ein Entwurf – und außergewöhnliche Menschen bauen ihr Leben nicht auf Entwürfen auf. Sie gründen ihre Größe auf Taten und eine möglichst fehlerfreie Ausführung ihrer Aufgaben. Sie bringen die Dinge zu Ende.

Dieses Zehn-Wochen-Programm funktioniert. Wenn Sie zu jenen Dingen und Aktivitäten zurückkehren, die Sie einstmals beflügelt haben, werden Sie auch zurückfinden zu jenem Glücksgefühl, das Sie vielleicht verloren haben. Und zum Sinn des Lebens gehört es, glücklich zu sein. Wirklich glücklich.

Wenn Sie zu jenen Dingen und Aktivitäten zurückkehren, die Sie einstmals beflügelt haben, werden Sie auch **zurückfinden** zu jenem **Glücksgefühl**, das Sie vielleicht verloren haben.

KAPITEL 15

HART ARBEITEN, GLÜCKLICH SEIN

Die alte Weisheit ist noch immer wahr: »Je härter ich arbeite, desto mehr Glück habe ich.« Das Leben ist jenen wohlgesonnen, die sich selbst helfen. Das weiß ich aus eigener Erfahrung. Ich gehöre nicht zu den New-Age-Aposteln, die glauben, dass »alles vorbestimmt« sei und dass unser Leben von unsichtbaren Händen gesteuert werde. Diese Art von Gerede hat etwas von einer »Opferhaltung« und klingt nach Angst. Angst vor dem Versagen. Angst vor Ablehnung. Angst, nicht gut genug zu sein. Angst vor Erfolg. Diese Betrachtungsweise lässt auch jeglichen Sinn für persönliche Verantwortung vermissen und kommt meist von Menschen, die zu viel Angst haben, sich auf das Spiel einzulassen. Natürlich glaube ich, dass es eine Naturgewalt gibt, die immer dann eingreift, wenn wir es am wenigsten erwarten (und am meisten brauchen). Und, ja, ich glaube, dass die Art und Weise, wie sich unser Leben entfaltet, einen Zusammenhang aufweist, der hochintelligent ist. Aber ich bin auch fest davon überzeugt, dass uns der freie Wille und die Macht, Entscheidungen zu treffen, aus einem einzigen Grund gegeben wurden: um sie auszuüben. Ich glaube, dass wir im Allgemeinen das vom Leben bekommen, was wir dem Leben geben. Ich glaube, dass gute Dinge jenen widerfahren, die bereit sind, sich anzustrengen, Disziplin zu üben und die Opfer zu bringen, die persönliche und berufliche Größe erfordert – nein, verlangt. Ich habe auch festgestellt, dass Handlungen Konsequenzen haben, und je mehr gute Dinge ich tue – durch die gute alte, harte Arbeit –, desto mehr Erfolg erlebe ich. Das Leben begünstigt die Engagierten.

Keiner der sehr erfolgreichen Menschen, mit denen ich als Führungscoach gearbeitet habe, hat seine Erfolge erreicht, ohne alle anderen um sich herum zu übertreffen. Während andere zu Hause vor dem Fernseher saßen oder schliefen, waren es diese Großen, die der Welt ihren Stempel aufdrückten und sie enorm bereicherten – sie waren früh auf den Beinen, schufteten und zeigten dem Leben, dass sie sich ihrem Traum verschrieben haben. Damit will ich keineswegs die Bedeutung der Vereinbarkeit von Beruf und Privatleben, der Zeit, die man mit geliebten Menschen verbringt, oder der Pflege des eigenen Seelenfriedens in Abrede stellen. Ich bin der Erste, der für diese Werte einsteht. Ich will damit nur sagen, dass hinter außergewöhnlichen Leistungen immer auch außergewöhnliche Anstrengungen stecken. Das ist ein Naturgesetz. Das ist seit Jahrtausenden unverändert.

Keiner der **sehr erfolgreichen** Menschen, mit denen ich als Führungscoach gearbeitet habe, hat seine Erfolge erreicht, ohne alle um sich herum zu übertreffen.

Ivan Seidenberg, der Chef von Verizon, erzählt die folgende Geschichte: »Mein erster Vorgesetzter – er war der Verwalter und ich war Hausmeister – schaute mir fast ein Jahr lang zu, wie ich Böden fegte und Wände wusch, bis er mich eines Tages darauf aufmerksam machte, dass ich einen Zuschuss zu den College-Gebühren erhalten könnte, wenn ich einen Job bei der Telefongesellschaft bekäme. Als ich ihn fragte, warum er mit diesem Hinweis so lange gewartet habe, sagte er: ›Ich wollte sehen, ob du es verdient hast.‹«

Und der Vorstandsvorsitzende von Time Warner, Richard Parsons, erzählte einmal, dass der beste Rat, den er je erhalten habe, von seiner Großmutter kam. Sie sagte zu ihm: »Was der Mensch sät, das wird er auch ernten.« Säen Sie also Ihre Samen aus. Seien Sie spektakulär gut in dem, was Sie tun. Stellen Sie Ihre Leidenschaft unter Beweis und zeigen Sie, dass Sie mit Herzblut bei der Sache sind. Und arbeiten Sie hart. Wirklich hart. Harte Arbeit öffnet Türen und zeigt der Welt, dass es Ihnen ernst damit ist, zu jenen seltenen – und besonderen – Menschen zu gehören, die die Fülle ihrer Talente für das Höchste und Allerbeste einsetzen.

KAPITEL 16

ERKENNEN SIE IHRE GENIALITÄT

Genialität ist nicht einer seltenen Gattung von Menschen vorbehalten. Sie wie auch ich haben ein Recht auf diese Bezeichnung und darauf, in dieser Liga zu spielen – wenn wir es nur wollen. Das ist dazu erforderlich: Konzentrieren Sie sich auf einen bestimmten Bereich oder eine bestimmte Fähigkeit mit unermüdlicher Hingabe, um sich täglich zu verbessern, und auf das leidenschaftliche Streben nach Spitzenleistungen. Innerhalb von drei bis fünf Jahren werden Sie so kompetent (und kenntnisreich) sein, dass man Sie ein Genie nennt. Fokus plus tägliche Verbesserung plus Zeit ist gleich Genialität. Wenn Sie sich diese Formel zu eigen machen, wird Ihr Leben nie mehr dasselbe sein.

Michael Jordan war ein Basketball-Genie. War sein spektakulärer Erfolg auf dem Spielfeld allein das Ergebnis einer natürlichen Begabung? Ganz und gar nicht. Er nahm, was ihm die Natur mitgegeben hatte, und wandte die Formel an: Fokus plus tägliche Verbesserung plus Zeit ist gleich Genialität. Er versuchte nicht, in fünf verschiedenen Sportarten gut zu sein. Er streute seinen Fokus nicht und verzettelte sich nicht. Er konzentrierte sich schlicht darauf, im Basketball brillant zu sein. Und das war er auch.

Thomas Edison meldete im Laufe seines Lebens erstaunliche 1093 Patente an und erfand die Glühbirne wie auch den Phonographen. (Als Edison noch klein war, meinte einer seiner Lehrer, er würde sich schwertun mit dem Lernen; er hörte nicht auf ihn. Hut ab.) Er versuchte nicht, ein großer Kaufmann, ein großer Dichter und ein großer Musiker zu sein. Er konzentrierte sich auf seine Erfindungen. Er verbesserte sich täglich. Und er ließ die Zeit ihre Magie entfalten. Das Genie klopfte an.

In diesem Zusammenhang fällt mir eine Geschichte über Pablo Picasso ein. Eines Tages entdeckte ihn eine Frau auf dem Markt und zog ein Stück Papier hervor. »Herr Picasso«, rief sie aufgeregt, »ich bin ein großer Fan von Ihnen. Könnten Sie bitte eine kleine Zeichnung für mich machen?« Picasso willigte freudig ein und entwarf schnell ein kleines Kunstwerk für sie auf das bereitgehaltene Papier. Lächelnd gab er es ihr zurück und sagte: »Das wird eine Million Dollar wert sein.« »Aber Herr Picasso«, erwiderte die Frau, »Sie haben doch nur 30 Sekunden für dieses kleine Meisterwerk gebraucht.« »Meine liebe Frau«, sagte Picasso und lachte, »ich habe 30 Jahre gebraucht, um dieses Meisterwerk in 30 Sekunden zu schaffen.«

Fokus plus tägliche **Verbesserung** plus Zeit ist gleich Genie. Machen Sie sich diese Formel zu eigen und Ihr **Leben** wird nie mehr dasselbe sein.

Erkennen Sie, was Sie besonders gut können – Ihre genialen Fähigkeiten. Entdecken Sie Ihre Talente und arbeiten Sie dann entschlossen und zielstrebig daran, sie zu verfeinern. Eine der wichtigsten persönlichen Führungsqualitäten ist die Selbsterkenntnis. Erkennen Sie, worin Sie wirklich gut sind. Denken Sie darüber nach, welche Fähigkeiten andere an Ihnen bewundern. Denken Sie an die Fähigkeiten, die Ihnen leichtfallen – oder die Ihnen mühelos zufließen. Vielleicht sind Sie ein fantastischer Kommunikator und können gut mit Menschen umgehen. Vielleicht besitzen Sie eine außergewöhnliche Fähigkeit, Aufgaben schnell und perfekt zu erledigen. Vielleicht verfügen Sie über besondere Erfindungsgabe und Kreativität und sehen nicht nur, was alle anderen auch sehen, sondern kommen dabei auch gleich auf weiterführende Ideen. Finden Sie Ihre genialen Seiten und fördern Sie diese. Fokus plus tägliche Verbesserung plus Zeit. Fangen Sie heute damit an, und in drei bis fünf Jahren werden die Leute über Sie schreiben. Sie werden Sie ein Genie nennen. Sie werden Ihre Großartigkeit feiern. Und ich werde einer von ihnen sein.

KAPITEL 17

HÖREN SIE DOPPELT SO VIEL ZU, WIE SIE SPRECHEN

Meine Mutter ist eine sehr weise Frau. Als Kind habe ich gerne geredet (und tue es immer noch). In der Schule war ich stets sehr gut, aber in meinen Zeugnissen wurde immer wieder vermerkt, dass ich meine Stimmbänder fast ununterbrochen mit Leidenschaft trainierte. Eines Tages setzte sich meine Mutter mit mir hin und sagte: »Robin, du hast zwei Ohren und einen Mund aus einem bestimmten Grund: um doppelt so viel zuzuhören, wie du sprichst.« Ein genialer Rat (ich arbeite allerdings noch daran, ihn umzusetzen).

Jemandem aufmerksam zuzuhören, ist eine der besten Möglichkeiten, die ich kenne, um diese Person zu ehren und eine tiefe menschliche Verbindung aufzubauen. Wenn man jemandem zuhört – nicht nur mit dem Verstand, sondern mit jeder Faser seines Wesens –, sendet man ihm eine Botschaft: »Ich schätze, was du zu sagen hast, und ich lausche demütig deinen Worten.« Nur wenige von uns sind wirklich gut im Zuhören. Ich setze mich im Flugzeug zu Beginn eines sechsstündigen Fluges neben jemanden, und derjenige redet immer noch, wenn wir landen – ohne mich nach meinem Namen gefragt zu haben oder danach, woher ich komme, was ich mache oder welche Bücher ich gelesen habe. Das sagt mir nicht nur, dass es solchen Menschen an dem mangelt, was Wissenschaftler als »Sinnesschärfe« bezeichnen (die Fähigkeit, auf die Signale um sie herum zu achten), sondern auch, dass man ihnen als Kinder wahrscheinlich nicht viel zuhörte. Die meisten Menschen verstehen unter Zuhören, dass man wartet, bis die andere Person zu Ende gesprochen hat, bevor man antwortet. Und die traurige Tatsache ist, dass die meisten von uns, während eine Person spricht, bereits ihre Antworten einstudieren.

Jemandem **aufmerksam** zuzuhören, ist eine der besten Möglichkeiten, die ich kenne, um diese Person zu ehren und eine **tiefe** menschliche Verbindung aufzubauen.

Der Generalstaatsanwalt von New York, Eliot Spitzer, hat einen Spruch geprägt, der mir sehr gefällt: »Sprich nie, wenn du auch nicken kannst.« Ihre Effektivität als Geschäftsperson, als Familienmitglied und als Mensch wird sich massiv verbessern, wenn Sie diesen Satz beherzigen. Hören Sie doppelt so viel zu, wie Sie sprechen. Werden Sie ein Weltklasse-Zuhörer. Interessieren Sie sich brennend dafür, was andere Ihnen zu sagen haben. Und beobachten Sie einfach, wie die Leute reagieren. Sie werden sich in Sie verlieben. Und zwar schnell.

KAPITEL 18

IHRE KUNDEN KAUFEN MIT DEM HERZEN

Ich stehe in der Schlange vor einer Starbucks-Filiale. Im Hintergrund spielt die Dave Matthews Band. Der Duft von Kaffee erfüllt die Luft. Die Espressomaschinen blubbern vor sich hin. Die Leute lesen, entspannen oder unterhalten sich. Die Stimmung ist gut. Ich fühle mich hier wohl. Ich fühle mich wie zu Hause. Wenn Sie unternehmerisch tätig sind, empfehle ich Ihnen, die Idee zu berücksichtigen, dass die Menschen nicht so sehr mit dem Kopf, sondern mit dem Herzen kaufen. Der Wettbewerb auf dem Markt findet heute nicht um das Geld der Kunden statt. Ganz und gar nicht. Der einzige wirkliche Wettbewerb ist der um die Gefühle der Kunden. Berühren Sie die Herzen der Menschen, die Sie bedienen, und sie werden wiederkommen. Wenn Sie ihre Emotionen ansprechen, werden sie zu Ihren begeisterten Fans werden. Wenn Sie aber diese Erkenntnis missachten, könnte Ihr Geschäft am Ende den Bach hinuntergehen.

Sicher könnte ich weniger Geld für eine Tasse Kaffee ausgeben. Sicherlich gibt es einen Coffee Shop, der näher bei meinem Arbeitsplatz liegt. Aber ich liebe das Gefühl, das mich überkommt, wenn ich einen Starbucks betrete. Ich bin entspannt, glücklich. Ich fühle mich wohl. Und jeder von uns sehnt sich nach guten Gefühlen, während wir unseren Tag verbringen. In vielerlei Hinsicht sind Erwachsene nichts anderes als Kinder in erwachsenen Körpern – und Kindern geht es nur darum, sich gut zu fühlen. Zu diesem Thema schreibt Kevin Roberts, der Chef von Saatchi & Saatchi, in seinem großartigen Buch *Lovemarks: The Future Beyond Brands:* »In meinen 35 Jahren im Geschäft habe ich stets auf meine Gefühle vertraut. Ich habe immer daran geglaubt, dass man durch das Berühren von Emotionen die besten Mitarbeiter, die inspirierendsten Auftraggeber, die besten Partner und die treuesten Kunden bekommt.« Dann zitiert Roberts den Neurologen Donald Calne: »Der wesentliche Unterschied zwischen Emotion und Vernunft besteht darin, dass Emotionen zu Handlungen führen, während die Vernunft zu Schlussfolgerungen führt.« Ein außerordentlich wichtiger Punkt. Menschen bewegen sich, wenn ihre Gefühle bewegt werden.

Menschen **bewegen** sich, wenn ihre **Gefühle** bewegt werden.

Wie fühlen Sie sich, wenn Sie einen iPod mit sich herumtragen? Wie fühlen Sie sich, wenn Sie in einem angesagten Laden einkaufen? Wie fühlen Sie sich, wenn Sie in Ihr Lieblingsrestaurant gehen und wie Diddy, Madonna oder Bill Clinton begrüßt werden? Sie verstehen, was ich meine. Die

Menschen gehen dorthin, wo man ihnen das Gefühl gibt, dass man sich um sie kümmert, dass sie etwas Besonderes sind und dass man will, dass es ihnen gut geht. Menschen kaufen dort, wo sie sich emotional angesprochen fühlen. Das erscheint offensichtlich. Doch die meisten Unternehmen haben das nicht verstanden.

Ich möchte eine kühne Behauptung aufstellen: Im Geschäftsleben geht es in vielerlei Hinsicht um Liebe. Denken Sie darüber nach. Erfolg hat man, wenn man seine Kunden mit Liebe behandelt. Anerkennung erhält man, wenn man seine Arbeit mit Liebe verrichtet. Marktführerschaft erreicht man, wenn man seine Waren mit Liebe verkauft. Wenn Ihre Kunden Sie nur mögen, können Sie sie leicht verlieren, sobald ein Konkurrent mit einem billigeren Produkt oder einer günstigeren Dienstleistung auftaucht. Und warum? Weil Sie es versäumt haben, Ihre Kunden emotional anzusprechen, sie an sich zu binden. Wenn Ihre Kunden Sie jedoch lieben – weil Sie ihre Herzen berührt haben durch die Art und Weise, wie Sie in ihrem Leben auftreten –, werden Sie Teil ihrer erweiterten Familie. Sie sind jetzt ein Teil ihrer Gemeinschaft. Die Kunden halten Ihnen die Treue. Sie erzählen den anderen Familienmitgliedern von Ihnen. Und sie werden Ihnen auch in harten Zeiten zur Seite stehen.

Ich werde also weiterhin zu Starbucks gehen. Ich liebe den Laden. Und wenn Sie mich finden wollen, halten Sie Ausschau nach dem Typen, der versteckt in einer ruhigen Ecke sitzt und mit einem Lächeln im Gesicht und Freude im Herzen an einem Grande Soja-Latte nippt – und die Liebe spürt.

KAPITEL 19

LERNEN SIE NEIN ZU SAGEN

Jedes Mal, wenn Sie zu etwas Unwichtigem Ja sagen, sagen Sie Nein zu etwas Wichtigem. »Ja-Männer« und »Ja-Frauen« schaffen nie etwas Großartiges. Es ist von großem Wert, gut darin zu werden, Nein zu sagen.

Sagen Sie Nein zu dem Freund, der sich mit Ihnen auf einen Kaffee treffen will und Ihnen irgendwelche Klatschgeschichten mitteilen möchte. Sagen Sie Nein zu dem Kollegen, der seine Negativität und seinen Zynismus verbreiten will. Sagen Sie Nein zu dem Angehörigen, der über Ihre Träume lacht und Sie an sich selbst zweifeln lässt. Sagen Sie Nein zu den sozialen Verpflichtungen, die Ihnen die Zeit für Ihr Lebenswerk rauben.

Jedes Mal, wenn Sie zu etwas Unwichtigem **Ja** sagen, sagen Sie **Nein** zu etwas Wichtigem.

Man kann nicht alles für alle Menschen sein. Die Besten unter uns haben das verstanden. Seien Sie sich Ihrer Prioritäten bewusst. Kennen Sie Ihre Ziele. Sie wissen, was in den nächsten Wochen, Monaten und Jahren erledigt werden muss, damit Sie das Gefühl bekommen, Ihr Bestes gegeben zu haben. Und dann sagen Sie Nein zu allem anderen. Sicherlich werden einige Menschen um Sie herum darüber nicht erfreut sein. Aber möchten Sie Ihr Leben lieber nach der Zustimmung anderer leben oder im Einklang mit Ihrer Wahrheit und Ihren Träumen?

KAPITEL 20

VERBRENNEN SIE IHRE BOOTE

Starker Gedanke: Große Leistungen entstehen oft, wenn wir mit dem Rücken zur Wand stehen. Druck kann Ihre Leistungsfähigkeit sogar noch steigern. Ihre Kraft entfaltet sich am stärksten, wenn es heiß hergeht. Wer Sie wirklich sind, zeigt sich erst, wenn Sie sich in eine unangenehme Lage bringen und das Gefühl haben, auf einem dünnen Ast zu sitzen. Eine Herausforderung ist eine wunderbare Möglichkeit, Ihr bestes – und brillantestes – Selbst zu entdecken. Bitte halten Sie inne und denken Sie einen Moment über diese Idee nach. Leichte Zeiten machen Sie nicht besser. Im Gegenteil, sie machen Sie langsamer, selbstgefälliger und schläfriger. In der eigenen Komfortzone zu verharren und bequem durch das Leben zu gleiten, hat noch nie jemanden größer oder stärker gemacht. Natürlich ist es menschlich, den Weg des geringsten Widerstands zu gehen. Und ich verstehe auch, dass man Stress zu vermeiden versucht, der entsteht, wenn man sich selbst intensiv herausfordert, um zu glänzen. Aber Großes ist noch nie jemandem auf normalem Weg gelungen.

(Mahatma Gandhi, Bill Gates, Oprah Winfrey, Mutter Teresa, Albert Schweitzer, Andy Grove und Thomas Edison – sie alle marschierten definitiv zu einem anderen Takt, Gott sei Dank.)

Ich habe nie die Geschichte des berühmten Entdeckers Hernán Cortés vergessen. Er landete im Jahr 1519 an der Küste von Veracruz in Mexiko. Mit seiner Armee wollte er das Land für Spanien erobern. Er hatte einen schweren Stand, denn er sah sich mit einem kampfstarken Gegner konfrontiert, hatte mit schlimmen Krankheiten zu kämpfen und verfügte nur über geringe Ressourcen. Als er mit seinem Trupp ins Landesinnere vorstieß, schickte Cortés einen seiner Leutnants mit einer simplen Anweisung zurück an den Strand: »Verbrenne unsere Boote.« Genau mein Typ.

Eine Herausforderung ist eine **wunderbare** Möglichkeit, Ihr bestes – und **brillantestes** – Selbst zu entdecken.

Wie konzentriert und entschlossen würden Sie sich jeden Tag zeigen – bei der Arbeit wie im Leben allgemein –, wenn Rückzug schlicht keine Option wäre? Wie weit würden Sie gehen, wie viel würden Sie riskieren, wie hart würden Sie arbeiten und wie energisch würden Sie auftreten, wenn Sie wüssten, dass »Ihre Boote brennen« und ein Scheitern einfach nicht infrage kommt? Diamanten werden durch starken Druck geformt. Und bemerkenswerte Menschen werden geformt, wenn sie in einem Bezugsrahmen leben, der ihnen vermittelt, dass sie einfach gewinnen müssen.

KAPITEL 21

FÜHRUNGSKRÄFTEN SCHNELLERES WACHSTUM ERMÖGLICHEN

Eines der Trainingsprogramme, das wir Unternehmen anbieten, um sie dabei zu unterstützen, in ihrem Tätigkeitsbereich erstklassig zu werden, heißt »Grow The Leader«. Organisationen auf der ganzen Welt, darunter die NASA und der Pharmariese Wyeth, nutzen unser einzigartiges Verfahren, um das Engagement ihrer Mitarbeiter zu stärken, die Unternehmenskultur zu verbessern, die Leistung drastisch zu steigern und herausragende Geschäftsergebnisse zu erzielen. »Grow The Leader« basiert auf einem einfachen, aber wirkungsvollen Konzept: Der ultimative Wettbewerbsvorteil Ihres Unternehmens beruht auf einer einzigen Fähigkeit, nämlich, dass es Ihnen gelingt, Führungskräfte schneller als die Konkurrenz zu entwickeln und zu fördern. Je schneller Sie jede einzelne Person im Unternehmen dazu bringen können, Führungsverhalten zu zeigen – unabhängig von ihrer Position –, desto schneller werden Sie an der Spitze stehen. Entscheidend ist, dass Sie es schaffen, schnell Führungskräfte heranzuziehen und eine »Kultur des Führens« zu entwickeln, bevor es Ihre Konkurrenz tut.

Eine Führungskultur ist eine Kultur, in der jeder wie ein Eigentümer, Firmenchef oder Geschäftsführer denkt. Es ist eine Kultur, in der *jeder* unternehmerisch und proaktiv handelt. Das bedeutet, dass sich alle Mitarbeiter auf Lösungen konzentrieren und nicht auf die Probleme. Es bedeutet, dass sie alles tun, was erforderlich ist, um die Kunden zufriedenzustellen. Es bedeutet, dass sie sich um den Umsatz kümmern und ihren Teil dazu beitragen, die Kosten zu senken. Es bedeutet, dass alle Mitarbeiter persönliche Verantwortung übernehmen für das Erreichen von Ergebnissen, die das Unternehmen voranbringen (unabhängig davon, ob sie die Poststelle leiten oder in der Vorstandsetage sitzen). Es bedeutet, dass sie die Firmenkultur gestalten, positiv bleiben und mit gutem Beispiel vorangehen. Wir haben unseren Kunden dabei geholfen, eine Kultur der Führung zu schaffen, und die Ergebnisse waren bemerkenswert.

Der ultimative **Wettbewerbsvorteil** Ihres Unternehmens beruht auf einer einzigen Fähigkeit, nämlich, dass es Ihnen gelingt, **Führungskräfte** schneller als die Konkurrenz zu entwickeln und zu fördern.

Ich hoffe, ich habe mich klar ausgedrückt: Ich sage nicht, dass jeder den Job eines Vorstandschefs oder Geschäftsführers machen muss. Führungsstärke zu zeigen bedeutet nicht, dass jeder Mitarbeiter das Unternehmen leiten soll.

Das würde zu Chaos führen. Ein Unternehmen braucht jemanden, der die Vision vorgibt und dann das Team in die Richtung dieser Vision führt. Ich will damit sagen, dass alle Mitarbeiter in Ihrem Team ihre Rolle kennen müssen und dann voll und ganz in dieser Rolle aufgehen sollten, so wie es eine Führungskraft tun würde. Und wenn sie das tun – wenn sie wie Führungskräfte denken, fühlen und handeln –, werden gute Dinge geschehen. Und schon bald wird Ihre Organisation bestens gedeihen.

KAPITEL 22

IHRE VIER-MINUTEN-MEILE

Der Philosoph Arthur Schopenhauer stellte einmal fest: »Jeder Mensch nimmt die Grenzen seines eigenen Gesichtsfeldes für die Grenzen der Welt.« Nur für einige wenige gelte dies nicht. Ihnen solle man es gleichtun. Eine tiefgründige Beobachtung. Das Leben, das Sie in diesem Augenblick sehen, ist nicht unbedingt das Leben Ihrer Zukunft. Vielleicht sehen Sie die Dinge mit den Augen Ihrer Ängste, Begrenzungen und falschen Annahmen. Wenn Sie das bunte Glasfenster, durch das Sie die Welt betrachten, weggeräumt haben, was geschieht dann? Es erscheint eine ganze Reihe neuer Möglichkeiten. Denken Sie daran: Wir sehen die Welt nicht so, wie sie ist, sondern wir sehen sie so, wie wir sind. Dieser Gedanke hat vor über zehn Jahren mein Leben verändert, als ich als unglücklicher Anwalt nach einer anderen, besseren Art des Lebens suchte.

Bis 1954 glaubte man, dass kein Läufer jemals eine Meile in weniger als vier Minuten würde laufen können. Aber nachdem Roger Bannister diese Grenze durchbrochen hatte, schafften es viele andere, seine Leistung zu wiederholen, und zwar innerhalb weniger Wochen. Und warum? Weil er den Menschen gezeigt hatte, was möglich war. Sie bekamen einen neuen Orientierungspunkt. Und mit diesem Glauben ausgestattet, vollbrachten die Menschen dann das Unmögliche.

Was ist *Ihre* Vier-Minuten-Meile? Welche Dinge haben Sie für sich selbst als unmöglich eingestuft? Welche falschen Annahmen haben Sie sich zugelegt in Bezug auf das, was Sie nicht haben, nicht tun oder nicht sein können? Ihr Denken erschafft Ihre Realität. Ihre Überzeugungen werden tatsächlich zu selbsterfüllenden Prophezeiungen (denn Ihre Überzeugungen bestimmen Ihr Handeln – und Sie werden nie so handeln, dass es nicht mit Ihrem Denken übereinstimmt; die Größe Ihres Lebens spiegelt die Größe Ihres Denkens wider). Wenn Sie glauben, dass etwas in Ihrem Leben nicht möglich ist, werden Sie auch nie jene Maßnahmen ergreifen, die erforderlich sind, um dieses Ziel Wirklichkeit werden zu lassen. Ihr »Unmöglichkeitsdenken« manifestiert sich. Ihre wahrgenommenen Einschränkungen werden zu den Ketten, die Sie abhalten von jener Großartigkeit, die Sie eigentlich zum Tragen bringen sollten. Aber Sie sind um so vieles besser. Der berühmte Neurochirurg Ben Carson hat es sehr schön ausgedrückt: »Es gibt keinen Durchschnittsmenschen; wenn Sie ein normales Gehirn haben, sind Sie überlegen.«

Wenn Sie **glauben**, dass etwas in Ihrem Leben nicht möglich ist, werden Sie auch nie jene Maßnahmen ergreifen, die erforderlich sind, um dieses Ziel **Wirklichkeit** werden zu lassen. Ihr »Unmöglichkeitsdenken« manifestiert sich.

KAPITEL 23

DEN RAHMEN SPRENGEN

Wie groß träumen Sie? Wie schnell sind Sie unterwegs? Wie unermüdlich sind Sie bei der Suche nach Neuem? Beim Thema Innovation denke ich an Apple und die Entschlossenheit dieser Firma, der Welt »wahnsinnig tolle« neue Produkte anzubieten. Ich habe meiner Tochter gerade einen iPod gekauft. Sie hatte außerordentlich hartnäckig darauf gedrängt – ein kluges Kind. Es gibt so viele iPods zur Auswahl: den Shuffle, den unglaublich eleganten Nano, die U2-Version des iPods. Anstatt sich auf dem enormen Erfolg dieses Produkts auszuruhen, erfindet Apple immer wieder etwas Neues und strebt nach etwas noch Besserem.

Neulich habe ich eine Rede für die Young Presidents' Organization gehalten. Ich habe über Führung gesprochen und darüber, wie die Besten besser werden. Ich erzählte, wie Unternehmen mit ein paar einfachen Änderungen und Kurskorrekturen erstaunliche Erfolge erzielen können. Nach dem Vortrag kam ein junger Unternehmer auf mich zu, um sich mit mir zu unterhalten. Ich fragte ihn, welche Idee ihn besonders angesprochen habe. »Immer den Rahmen sprengen«, antwortete er.

Natürlich ist man einsam, wenn man eine Führungspersönlichkeit ist (am Arbeitsplatz, zu Hause oder in der Gemeinschaft). Die Definition einer Führungspersönlichkeit bedeutet im Wesentlichen, dass man an vorderster Front steht – allein, mit niemandem neben sich. Dass man den weniger befahrenen Weg wählt. Dass man Verantwortung für Ergebnisse übernimmt in einer Welt, die es liebt, Schuld zuzuweisen und Verantwortung zu leugnen. Dass man Möglichkeiten sieht, von denen noch niemand geträumt hat. Dass man die Art und Weise, wie die Dinge sind, infrage stellt. Wenn Sie in der Herde mitlaufen und denken und handeln wie alle anderen, sind Sie kein Anführer, sondern ein Mitläufer. Und das macht keinen Spaß.

Denken Sie daran, dass **alle** großen Führungspersönlichkeiten (oder Visionäre oder mutigen Denker) anfangs belächelt wurden. Jetzt werden sie **verehrt**.

Gehen Sie also an die Grenzen, sprengen Sie den Rahmen. Weigern Sie sich, irgendetwas zu akzeptieren, das auch nur annähernd der Mittelmäßigkeit entspricht. Werfen Sie die Ketten ab, die Sie an das Gewöhnliche gebunden haben. Und entfernen Sie sich auf jeden Fall von der Masse. Der einzige Ort, den Sie erreichen, wenn Sie der Menge folgen, ist der Ausgang. Stehen Sie ein für Ihr Bestes. Verpflichten Sie sich zu Spitzenleistungen. Bemühen Sie sich entschlossen und engagiert um Veränderungen und zeigen Sie allen Ihre Leidenschaft. Man wird Sie vielleicht als anders, als seltsam oder sogar als verrückt bezeichnen. Aber denken Sie daran, dass alle großen Führungspersönlichkeiten (oder Visionäre oder mutigen Denker) anfangs belächelt wurden. Jetzt werden sie verehrt.

KAPITEL 24

Über Nachrufe und den Sinn des Lebens

Ich bin jetzt 41 Jahre alt. Ich habe also gewissermaßen Halbzeit. Angenommen, ich erreiche das Alter von 80 Jahren (und das ist eine kühne Annahme, denn ich habe gelernt, dass das Einzige, was man im Leben erwarten kann, das Unerwartete ist), dann bin ich jetzt auf halbem Weg nach Hause – auf halbem Weg durch das Abenteuer, das ich mein Leben nenne. Ich bin mittlerweile philosophischer geworden. Ich bin weniger bereit, meine Zeit zu verschwenden. Ich bin weniger bereit, auf negative Menschen zu hören. Ich bin weniger bereit, eine Gelegenheit verstreichen zu lassen, um liebevoll zu sein, mich für einen anderen Menschen einzusetzen, meinen Träumen näher zu kommen oder einfach Spaß zu haben. Außerdem habe ich angefangen, Nachrufe zu lesen.

Wenn ich lese, wie andere Menschen gelebt haben, erhalte ich Hinweise darauf, was im Leben am wichtigsten ist. Ich habe herausgefunden, dass Nachrufe auf ein gutes, gelungenes Leben eigentlich immer die gleichen Themen haben. Die Familie. Freundschaften. Den Beitrag zur Gemeinschaft. Die Notwendigkeit, kalkulierte Risiken einzugehen. Freundlichkeit durch kleine, einfache Taten. Und Liebe. Ich habe noch nie einen Nachruf gelesen, in dem es hieß: »Er starb friedlich im Schlaf, umgeben von seinem Anwalt, seinem Börsenmakler und seinem Buchhalter.« Nein, die großen Nachrufe sprechen alle von der Nähe zu geliebten Menschen und von der Wirkung, die der Verstorbene auf die Welt um sich herum hatte.

Um ein gelungenes Leben zu führen, sollten Sie jene Art von Fragen stellen, die Sie zum Nachdenken anregen und Sie mit dem verbinden, was am wichtigsten ist. Eine der Haupteigenschaften vieler außergewöhnlicher Menschen, mit denen ich als Erfolgscoach gearbeitet habe, besteht darin, dass sie die Disziplin aufbringen, mehr nachzudenken als die meisten von uns. Stellen Sie also tiefgründige Fragen. Gute Fragen führen zu herausragenden Antworten und zu größerer Klarheit. Und größere Klarheit ist die Grundlage von authentischem Erfolg und persönlicher Größe.

Ich habe noch nie einen **Nachruf** gelesen, in dem es hieß: »Er starb **friedlich** im Schlaf, umgeben von seinem Anwalt, seinem Börsenmakler und seinem Buchhalter.«

Hier sind fünf große Fragen, die Sie vielleicht dazu anregen können, tiefer zu graben und eingehender darüber nachzudenken, was in Ihrem Leben wirklich zählt. Die meisten Menschen finden erst heraus, wie sie leben sollen, wenn es ans Sterben geht. Aber dann ist es zu spät. Stellen Sie sich heute diese fünf Fragen. Notieren Sie die Antworten in Ihrem Tagebuch. Sprechen Sie über sie. Denken Sie über sie nach. Stellen Sie sich vor, dass heute der letzte Tag Ihres Lebens ist und Sie auf Ihrem Sterbebett liegen. Fragen Sie sich dann:

- *Habe ich reichlich geträumt?*
- *Habe ich voll gelebt?*
- *Habe ich gelernt, loszulassen?*
- *Habe ich gut geliebt?*
- *Habe ich mich mit Leichtigkeit auf der Erde bewegt und verlasse sich sie besser, als ich sie vorgefunden habe?*

Ich hoffe, dass die Antworten, zu denen Sie gelangen, Ihnen helfen werden, mit mehr Authentizität, Leidenschaft und Freude zu leben. Klarheit geht dem Erfolg voraus. Man kann kein Ziel erreichen, das man nicht einmal sehen kann. Und wenn man es richtig bedenkt, sind wir noch gar nicht so lange hier. Wir alle werden zu Staub zerfallen, bevor wir es merken. Also schöpfen Sie Ihr Potenzial aus. Die Chinesen sagen es sehr schön: »Die beste Zeit, einen Baum zu pflanzen, war vor 20 Jahren. Aber der zweitbeste Zeitpunkt ist heute.«

KAPITEL 25

FÜHRUNG IST KEIN BELIEBTHEITSWETTBEWERB

Hier ist eine Idee, die Ihre gesamte Karriere (und Ihr Leben) verändern könnte: Als Führungskraft (und meiner Meinung nach ist jeder Einzelne von uns verpflichtet, täglich Führungsqualitäten zu zeigen – unabhängig von seinem Titel oder seiner Position) geht es nicht darum, dass man gemocht wird. Es geht darum, das zu tun, was richtig ist. So viele Führungskräfte haben Angst vor Konflikten – sie haben ein tiefsitzendes Bedürfnis, beliebt zu sein und wertgeschätzt zu werden. Sie hassen es, Federn zu rupfen und Wellen zu schlagen. Sie sind unsicher und fühlen sich oft nicht wohl in ihrer Haut. Aber echte Führungspersönlichkeiten sind anders. Sie treffen furchtlos harte Entscheidungen. Sie sprechen die Wahrheit aus. Sie laufen gewissermaßen ihr eigenes Rennen, treffen die richtigen Entscheidungen und machen sich wenig Gedanken über die öffentliche Meinung. Sie zeigen Mut bei allem, was sie tun.

Ich spreche und schreibe viel über den fürsorglichen und respektvollen Umgang mit Menschen. Behandeln Sie Ihre

Mitarbeiter gut, dann werden diese auch Ihre Kunden gut behandeln. Das ist eine Selbstverständlichkeit. Helfen Sie den Menschen, ihre Ziele zu erreichen, und sie werden Ihnen gerne helfen, dass auch Sie Ihre Ziele erreichen. Daran werde ich glauben bis ans Ende meiner Tage. Sehen Sie das Beste im Menschen und seien Sie der mitfühlendste Mensch, den Sie kennen. Aber freundlich zu sein, bedeutet nicht, schwach zu sein.

Ein guter Mensch zu sein, heißt nicht, dass man nicht stark und mutig sein muss, wenn es die Umstände erfordern. Das habe ich nie behauptet. Außergewöhnliche Führungsfähigkeit zeichnet sich aus durch ein Gleichgewicht zwischen zart und doch hart, mitfühlend und doch mutig, freundlich und doch entschieden, eine Verbindung aus halb Heiliger und halb Krieger.

Den besten Führungskräften geht es in erster Linie darum, fair zu sein, das Richtige zu tun und Ergebnisse zu erzielen. Ich möchte Ihnen also vorschlagen: Tun Sie das Richtige anstatt das Populäre. Das Beste zu tun, heißt in der Regel, das Schwierigste zu tun. Bitte denken Sie daran. Treffen Sie die schwierigen Entscheidungen. Sprechen Sie mit Verstand. Lassen Sie es Leistungsschwächere wissen, wenn sie zu wenig Leistung bringen. Sagen Sie Ihren Superstars, wie sehr Sie sie lieben. Seien Sie einfach ehrlich.

Als **Führungskraft** geht es nicht darum, dass man gemocht wird. Es geht darum, das zu tun, was **richtig** ist.

Wenn Sie aus einer Position der Wahrheit und der Gerechtigkeit, der Fairness und der Exzellenz heraus führen, werden Sie Ihre Kritiker auf den Plan rufen. Aber wen kümmert das? Ich habe noch nie erlebt, dass ein Kritiker an einem Sterbebett auftauchte. Mein Freund Dan Sheehan, der ein großartiges Unternehmen namens WinPlus in Los Angeles leitet, bei dem wir an der Schulung von Führungskräften gearbeitet haben, hat mir einmal Folgendes gesagt: »Große Menschen bauen Denkmäler aus den Steinen, die ihre Kritiker auf sie werfen.« Ein gutes Argument. Ein kluger Mann. Wenn ich auf alle meine Kritiker gehört hätte, wäre ich immer noch ein unglücklicher Anwalt, der an den Schreibtisch gefesselt ist. Zum Glück habe ich das nicht getan.

KAPITEL 26

WAS MÖCHTEN SIE ANDEREN VERMITTELN?

Der Begriff »Prediger« ist in der Welt, in der wir leben, negativ besetzt. Aber ein Missionar oder Evangelist ist per definitionem einfach jemand, der gute Nachrichten verbreitet. Es ist jemand, der sich einer großen Idee oder einer leidenschaftlichen Sache verschrieben hat und dann in den Tag hinausgeht und die Botschaft wie einen Virus verbreitet. Es ist jemand, der sich so sehr für eine wichtige Sache engagiert, dass er nur noch daran denkt, davon träumt und darüber spricht. Es ist ein Mensch, der – gewissermaßen auf zellulärer Ebene – versteht, was Dr. Martin Luther King Jr. meinte, als er sagte: »Wenn du nicht etwas entdeckt hast, für das du bereit bist zu sterben, dann bist du nicht bereit zu leben.« Diese unruhige und unsichere Welt braucht mehr Evangelisten: Menschen, die Großes leisten, die durch ihr Handeln Leben segnen und etwas bewirken.

Wo ist die Leidenschaft der Menschen für Großartiges geblieben? Jeder von uns besaß diese Leidenschaft als Kind. Wir wollten Superhelden, Astronauten, Dichter und Maler werden.

Wir wollten die Welt verändern, auf einem Berggipfel stehen und viel Eis essen. Dann, als wir älter wurden, begann das Leben seine Arbeit an uns zu verrichten. Ängstliche Menschen machten sich über unsere Träume lustig. Enttäuschungen begannen sich zu zeigen. Das Leben fing an, uns zu verletzen, und wir begannen, der Propaganda Glauben zu schenken, die besagt, dass wir nicht zu groß denken sollen, nicht zu hoch hinaus wollen und nicht zu viel lieben sollen. Es bricht mir das Herz, wenn ich daran denke. Aber genau das ist passiert.

Sie sind dazu bestimmt, zu strahlen. Davon bin ich fest überzeugt. Sie sind hier, um jene Sache zu finden, jenes Hauptziel, jene Bestimmung, die Sie im tiefsten Innersten bewegt und die Sie veranlasst, mit Feuer im Bauch in der Morgendämmerung aufzustehen. Sie sollen etwas finden, für das Ihr Leben steht, das Sie verzehren wird, etwas, das so schön und bedeutungsvoll ist, dass Sie bereit wären, dafür zu sterben. Das könnte bedeuten, dass Sie im Unternehmen Menschen die Möglichkeit geben, sich zu entwickeln, und dass Sie ihnen helfen, ihr höchstes Potenzial auszuschöpfen. Es könnte bedeuten, ein Innovator zu sein, der seinen Kunden einen außergewöhnlichen Mehrwert bietet und coole Produkte auf den Markt bringt. Vielleicht geht es Ihnen auch darum, Gemeinschaften zu fördern oder Menschen in Not zu helfen. Kürzlich habe ich von einem Anwalt gelesen, der sagte, dass er einer Gruppe von Opfern, die er vertrat, so leidenschaftlich zur Seite stehen wolle, dass er nicht aufgeben würde, bis er vor Erschöpfung zusammenbräche. Extrem? Vielleicht. Ein Evangelist oder Missionar? Auf jeden Fall.

> Sie sind hier, um jene **Sache** zu finden, jenes Hauptziel, jene Bestimmung, die Sie im tiefsten **Innersten** bewegt und die Sie veranlasst, mit **Feuer** im Bauch in der Morgendämmerung aufzustehen.

Ich bin ein Evangelist, ein Prediger. Wer mich kennt, wird Ihnen sagen, dass mein Bestreben darin besteht, Menschen zu helfen, ohne einen formellen Titel Führungsfähigkeit zu erlangen und Organisationen auf ein Weltklasse-Niveau zu heben. Natürlich habe auch ich hin und wieder schlechte Zeiten und harte Tage – nennen Sie jemanden, der das nicht hat. Aber meistens bin ich voller Enthusiasmus, Energie und Freude dabei, meine Botschaft zu verbreiten. Bin ich etwas Besseres als Sie? Ganz und gar nicht. Ich habe nur mein Anliegen gefunden, das mich antreibt.

Ich weiß nicht, was die wichtigste Aufgabe in Ihrem Leben ist. Das müssen Sie selbst herausfinden (durch tiefes Nachdenken, Einsicht und Gewissensprüfung; das in einem Tagebuch zu tun, ist eine kluge Idee). Aber ich weiß dies: Wenn Sie die Mission gefunden haben, der Sie Ihr Leben widmen wollen, werden Sie jeden Tag mit dem erwähnten Feuer im Bauch aufwachen. Sie werden nicht mehr schlafen wollen. Sie werden bereit sein, Berge zu versetzen, um dieses Ziel zu verwirklichen. Sie werden jenes Gefühl der inneren Erfüllung finden, das Sie vielleicht bisher in Ihrem Leben vermissten. Und Sie werden diese Botschaft jedem predigen, der zuhören will. Sie werden zum Evangelisten werden.

KAPITEL 27

IM BADEMANTEL: MEINE BESTEN PRAKTIKEN

Ich möchte Ihnen helfen, zu glänzen. Ich möchte meinen Teil dazu beitragen, dass Sie zu Ihrer Großartigkeit gelangen. Ihnen helfen, bei der Arbeit Ihr Bestes zu geben. Ihnen helfen, zu Hause glücklich zu werden. Ihnen helfen, sich zu profilieren. Was ist meine Belohnung? Nun, wenn ich Ihnen helfe, Ihr bestes Selbst zu verwirklichen, spüre ich, dass ich eine Bedeutung habe. Ich bekomme das Gefühl, dass ich etwas in der Welt bewirke. Dass ich wichtig bin. Dass ich nicht umsonst auf diesem Planeten herumlaufe. Daher rührt so viel von meinem Glück. Wirklich.

Heute Morgen habe ich unter der Dusche über Folgendes nachgedacht: Was sind meine besten Praktiken? Anders gesagt, was sind die besten Dinge, die ich tue, um optimale Ergebnisse zu erreichen – im Spiel des Lebens und bei der Entfaltung meines Potenzials? Dabei ist mir Folgendes eingefallen:

- Fünfmal in der Woche um 5 Uhr früh aufstehen und am Wochenende länger schlafen.

- Eine »heilige Stunde« über 60 Minuten nach dem Aufstehen für die persönliche Entwicklung und die Selbstreflexion.
- Fünfmal in der Woche ein intensives Training.
- Alle sieben Tage eine 90-minütige Massage.
- Eine Weltklasse-Ernährung. (Aber ich esse auch ein bis zwei Desserts pro Woche – man muss ja nicht zu streng zu sich selbst sein, und wenn ich »Schokokuchen ohne Mehl« auf einer Speisekarte entdecke, bestelle ich ihn.)
- Jeden Tag ein paar Minuten Tagebuch führen. Tagebuchschreiben fördert die Selbstwahrnehmung. Ich nutze mein Tagebuch auch, um meine täglichen Ziele zu formulieren, zu planen und festzuhalten, wofür ich dankbar bin, und um neue Ideen und gelernte Lektionen festzuhalten und zu verarbeiten.
- Jeden Tag eine Weile lesen (von *Harvard Business Review* über *Travel and Leisure* bis zu *Dwell* und guten Büchern).
- Affirmationen oder, wie ich es nenne, »Erfolgssätze« während des Tages – besonders unter der Dusche. Diese helfen mir, meine Gedanken auf das Wesentliche zu fixieren – und Gedanken sind die Vorläufer von Handlungen. Richtiges Denken führt zu richtigem Handeln.
- Eine wöchentliche Planungssitzung. Hier gehe ich auch meine Ziele durch. Normalerweise mache ich das am Sonntagmorgen.

- Mindestens eine Unterhaltung in der Woche mit einer interessanten Person, um meine Wissbegier aufrechtzuerhalten und große Ideen in mich aufzunehmen. Ein einziges Gespräch kann Ihr Leben verändern. In einer Ausgabe von *Business 2.0* verriet der Unternehmensberater Jim Collins, dass eine Idee, die ihm ein Mentor in 30 Sekunden mitteilte, sein Leben umgekrempelt habe.

Der heutige Tag kann der **erste Tag** Ihres **neuen Lebens** sein. Es liegt ganz bei Ihnen.

Ich könnte noch mehr aufführen, aber das sind meine besten persönlichen Praktiken, die mich zu Höchstleistungen anspornen. Suchen Sie sich aus, was für Sie infrage kommt. Verwerfen Sie die Vorschläge, mit denen Sie nicht einverstanden sind. Finden Sie einfach heraus, was für Ihr Leben funktioniert. Dann handeln Sie ab heute danach. Der heutige Tag kann der erste Tag Ihres neuen Lebens sein. Es liegt ganz bei Ihnen.

KAPITEL 28

DIE FÜHRUNGSKULTUR IST DER KÖNIG

Bei einem Leadership-Training, das ich kürzlich mit einer Gruppe von Hightech-Managern durchführte, kam ein gut aussehender Mann in der Pause auf mich zu und sagte: »Ich finde es toll, was Sie über die Notwendigkeit gesagt haben, dass jeder von uns eine Führungskultur in unseren Unternehmen entwickeln muss. In unserem Betrieb ist die Arbeit an der Firmenkultur eine unserer obersten Prioritäten. Wir sprechen die ganze Zeit darüber. Letztes Jahr ist unser Unternehmen um 600 Prozent gewachsen. Dass wir uns auf den Aufbau einer Firmenkultur konzentriert haben, hat sich wirklich ausgezahlt.« Beeindruckend.

Wie ich bereits angedeutet habe, besteht einer Ihrer nachhaltigsten Wettbewerbsvorteile in der Entwicklung einer Kultur der Führung. Wenn Kunden meine Firma Sharma Leadership International mit Organisationsentwicklung und Mitarbeiterschulung beauftragen, gehört die Entwicklung der Unternehmenskultur zu den ersten Bereichen, auf die wir uns konzentrieren – denn die gesamte Performance wird von der Firmenkultur bestimmt. Ihre Konkurrenten werden Ihre Produkte kopieren, wenn sie gut sind. Sie werden Ihre Dienstleistungen kopieren. Sie werden Ihr Branding kopieren. Aber sie werden niemals in der Lage sein, Ihre Führungskultur zu kopieren. Und Ihre Kultur ist genau das, was Ihr Unternehmen zu etwas Besonderem macht. Die Kultur Ihres Unternehmens ist das, was die Verhaltensstandards festlegt – und weiter vorantreibt und verbessert. Ihre Firmenkultur vermittelt Ihren Mitarbeitern, was akzeptabel und wichtig ist. Ihre Kultur zeigt den Menschen, was Ihre Organisation schätzt (zum Beispiel Ehrlichkeit, Innovation, ständige Verbesserung, begeisterte Kunden, Zusammenarbeit, Offenheit und so weiter). Die Kultur Ihres Unternehmens ist Ihre Philosophie, Ihre Mythologie, Ihre Religion. Für mich ist die Führungskultur der König.

Einer Ihrer **nachhaltigsten** Wettbewerbsvorteile wird darin bestehen, das zu entwickeln, was ich eine **Kultur der Führung** nenne.

Die fünf besten Wege, eine Unternehmenskultur aufzubauen, sind die folgenden:

Rituale. *Ich mag den »Kult« in Kultur. Die besten amerikanischen Unternehmen, wie Dell, Google, Southwest Airlines, Apple oder Walmart, haben etwas gemein mit Glaubensgemeinschaften. Sie pflegen einzigartige Rituale wie die Teambesprechungen um 7 Uhr morgens* *oder die Pizzapartys am Freitagnachmittag, um den Zusammenhalt im Team zu fördern. Rituale prägen die Unternehmenskultur und machen sie zu etwas Besonderem.*

Feiern. *John Abele, der Gründer des milliardenschweren Unternehmens Boston Scientific, sagte mir einmal bei einem Abendessen: »Man bekommt, was man feiert.« Ein starker Gedanke. Wenn Sie jemanden sehen, der die Werte vorlebt, für die Ihre Führungskultur steht, machen Sie ihn zu einem öffentlichen Helden. Verhalten, das belohnt wird, wird wiederholt. Engagieren Sie Menschen, die Gutes tun.*

Gespräche. *Ihre Mitarbeiter werden zu dem, worüber die Führungskräfte sprechen; um Ihre Vision und Ihre Werte in den Herzen Ihrer Mitarbeiter zu verankern, müssen Sie ständig darüber sprechen – auf Mitarbeiterversammlungen, bei Ihren wöchentlichen Besprechungen, bei Ihren täglichen Konferenzen und am Kaffeeautomaten. Sie müssen ständig predigen, wofür Sie stehen, und dafür werben. In seinem ausgezeichneten Buch* Winning: Das ist Management *schrieb Jack Welch, dass er viel Zeit damit zugebracht habe, die Mission von General Electric zu verkünden, sodass er seine Mitarbeiter um 3 Uhr morgens anrufen konnte und sie im Halbschlaf die Firmenmission herunterbeten konnten. (Das hat er freilich nie getan.)*

Training. *Die Entwicklung der Mitarbeiter ist ein entscheidender Faktor für den Aufbau einer Unternehmenskultur. Wenn Sie der Meinung sind, dass die wichtigste Ressource Ihres Unternehmens Ihre Mitarbeiter sind, dann ist es höchst sinnvoll, in die Entwicklung dieser Ressource zu investieren. Veranstalten Sie Seminare und Führungsworkshops, um die Werte, die Sie fördern und auf denen Sie eine Führungskultur aufbauen wollen, in den Köpfen und Herzen Ihrer Mitarbeiter zu verankern. Wenn Ihre Mitarbeiter besser werden, wird auch Ihr Unternehmen insgesamt besser werden.*

Geschichten erzählen. *Große Unternehmen haben eine Kultur, in der große Geschichten von Generation zu Generation weitergegeben werden. Die Geschichte, wie das Unternehmen in einem Keller gegründet wurde, oder die Geschichte, wie ein Teamkollege die Extrameile zurücklegte und das Baby einer Kundin zur Welt brachte, oder die Geschichte, wie sich das Unternehmen vom Rande der Katastrophe wieder nach oben kämpfte. Das Erzählen von Geschichten festigt die am meisten geschätzten Ideale eines Unternehmens in den Herzen seiner Mitarbeiter.*

Die Menschen wollen jeden Tag zur Arbeit gehen und dabei das Gefühl haben, Teil einer Gemeinschaft zu sein. Eines der tiefsten psychologischen Bedürfnisse des Menschen ist das Bedürfnis nach Zugehörigkeit. Wir wollen für ein Unternehmen arbeiten, das uns wertschätzt, das unsere persönliche Entwicklung fördert und das uns das Gefühl gibt, dass wir zu einem Traum beitragen. Wenn Sie diese Dinge richtig machen, indem Sie eine Kultur der Führung schaffen, werden Sie Ihre Stars behalten und neue anziehen. Und wäre das nicht perfekt?

KAPITEL 29

IHR TERMINPLAN LÜGT NICHT

Kennen Sie den Ausspruch: »Das, was du tust, schreit so laut, dass ich nicht hören kann, was du sagst«? Sie können sagen, dass Ihre Familie für Sie an erster Stelle steht, aber wenn die Zeit mit Ihrer Familie nicht in Ihrem Terminkalender auftaucht, dann ist Ihr Familienleben in Wahrheit nicht Ihre Priorität. Sie können sagen, dass eine erstklassige körperliche Verfassung ebenfalls einer Ihrer obersten Werte sei, aber wenn ich nicht sehe, dass fünf oder sechs Trainingseinheiten in Ihrem Wochenplan stehen, dann müssen Sie sich der Realität stellen, dass Ihnen Ihre Gesundheit einfach nicht so wichtig ist, wie Sie es behaupten. Sie können argumentieren, dass Sie sich selbst weiterentwickeln wollen, denn je besser Sie sind, desto effektiver werden Sie sein. Zeigen Sie mir Ihren Terminplan und ich werde die Wahrheit erkennen. Denn Ihr Terminplan lügt nicht.

Es kann keinen echten Erfolg und kein dauerhaftes Glück geben, wenn Ihr Tagesablauf nicht mit Ihren tiefsten Werten übereinstimmt. Das ist ein wichtiger Gedanke, der für viele der von mir betreuten Führungskräfte sehr hilfreich war. Wenn zwischen dem, was Sie tun, und dem, was Sie sind, eine Kluft besteht, sind Sie nicht integer. Ich nenne dies die Integritätslücke. Je größer die Kluft zwischen Ihren täglichen Verpflichtungen und Ihren tiefsten Werten ist, desto schlechter wird Ihr Leben funktionieren (und desto weniger Glück werden Sie empfinden). Warum? Weil Sie nicht das tun, was Sie sagen. Weil Ihr Bild nicht mit Ihrem Ton übereinstimmt. Weil Sie das Verbrechen des Selbstbetrugs begehen. Das schlimmste Verbrechen von allen. Und der Zeuge, der tief in Ihrem Inneren lebt – Ihr Gewissen –, sieht es.

Ihr **Terminplan** ist der beste Anzeiger dafür, was Sie wirklich **schätzen** und für wichtig halten.

Viele Menschen verstehen es, gut zu reden. Aber Reden ist billig. Besser wäre es, weniger zu reden und mehr zu tun. Zeigen Sie mir Ihren Terminkalender und ich sage Ihnen, was Ihre Prioritäten sind. Ich war früher Rechtsanwalt. Die Zeugen im Gerichtssaal konnten behaupten, was sie wollten. Die Beweise haben nie gelogen.

KAPITEL 30

GLÄNZEN SIE ALS MUTTER ODER ALS VATER

Ich hatte schon Coaching-Kunden, die mit ihren Privatjets zu dem kleinen Flughafen in der Nähe unseres Büros in Toronto geflogen sind und bei unserem ersten Treffen auftauchten und etwas sagten wie: »Robin, ich habe mehr Geld, als ich jemals brauchen werde, einen Haufen Häuser, die über die ganze Welt verstreut sind, und jede Menge öffentlicher Anerkennung. Trotzdem bin ich verzweifelt unglücklich.« Ich fragte nach dem Grund. »Weil ich meine Familie verloren habe, während ich mein Geschäft aufgebaut habe. Meine Frau hat mich verlassen, und meine Kinder kennen mich nicht mehr ... das bricht mir das Herz«, lautete die Antwort in der Regel.

Setzen Sie Ihre Familie neben Ihrer Gesundheit an die Spitze Ihrer Prioritätenliste. Die Familie ist wichtig. Was nützt es Ihnen, Ihre Träume zu verwirklichen, wenn Sie allein sind? Und es gibt nur wenige Dinge, die wichtiger sind, als sich als Elternteil zu bewähren. Kinder werden unglaublich schnell erwachsen. Kaum dass man schaut, sind sie weg

– und leben ihr eigenes Leben. Mir kommt es vor, als wäre es nur ein oder zwei Jahre her, dass ich die Geburt meiner Tochter miterlebt habe. Jetzt ist sie neun Jahre alt und verbringt einen Großteil ihrer Freizeit damit, mit ihrem besten Freund Max zu spielen (einem Cockerspaniel, der dringend eine Erziehung braucht). Es kommt mir vor, als wäre es erst gestern gewesen, dass mein Sohn im Kinderwagen saß, ein pausbackiges Baby, das die üblichen Geräusche eines Kleinkinds von sich gab. Jetzt ist er elf Jahre alt, liest sogar noch eifriger als ich und hat schon eine Vision für seine Zukunft (er möchte Risikokapitalgeber werden). Natürlich ist es ein bisschen traurig, seine Kinder so schnell erwachsen werden zu sehen. Ich glaube, alles, was ich tun kann, ist, mit ihnen verbunden zu bleiben und großzügig mit meiner Zeit umzugehen (meine Kinder waren immer meine oberste Priorität). Hier sind einige Ideen, wie Sie in Ihrer unglaublich wichtigen Rolle als Mutter oder Vater glänzen können:

Versuchen Sie, Ihre Ängste nicht an Ihre Kinder weiterzugeben. Zeigen Sie Ihren Kindern, was alles möglich ist.

Seien Sie ein gutes Vorbild. *Am besten können Sie Ihre Kinder beeinflussen, wenn Sie ihnen mit gutem Beispiel vorangehen. Leben Sie das Verhalten vor, das Sie sich wünschen. Predigen Sie nicht, wie schön Bücher sind und wie wichtig das Lernen ist, und ziehen Sie sich dann ins Wohnzimmer zurück, um drei Stunden MTV zu schauen. Die kleinen Augen verfolgen alles, was Sie* *tun. Darüber spreche ich in* Family Wisdom from the Monk Who Sold His Ferrari, *einem Buch, das Ihnen bei der Erziehung junger Führungskräfte zu Hause sehr hilfreich sein wird.*

Fördern Sie die Entwicklung Ihrer Kinder. *Verstehen Sie sich nicht nur als Erzeuger Ihrer Kinder, sondern auch als ihr »Entwickler«. Es ist wichtig, ihren Verstand, ihre Herzen und ihre Seelen aktiv zu entwickeln. Das ist Ihre Aufgabe. Bringen Sie sie mit großer Kunst in Berührung. Gehen Sie mit ihnen in interessante Restaurants. Machen Sie sie mit coolen Leuten bekannt, die einzigartige Ideen haben. Der Vater von John F. Kennedy lud oft fabelhaft interessante Menschen zum Essen ein. Während des Essens lernten die Kennedy-Kinder von dem Gast – und löcherten ihn anschließend mit Fragen, um ihr Wissen zu vertiefen. Eine schöne Übung.*

Inspirieren Sie Ihre Kinder. *Die große Idee: Eltern lehren ihre Kinder, wie sie die Welt sehen. Eltern zeigen Kindern, wie die Welt funktioniert. Und wenn Sie die Welt als einen Ort der Begrenzung sehen, werden auch die kleinen Menschen, die Sie aufziehen, dies tun. Versuchen Sie, Ihre Ängste nicht an Ihre Kinder weiterzugeben. Zeigen Sie Ihren Kindern, was alles möglich ist. Inspirieren Sie sie dazu, großartige Menschen zu werden, die die Welt verbessern werden – auf ihre eigene Art und Weise. Seien Sie ein »Ermöglicher«.*

Zum Schluss habe ich noch ein Hilfsmittel für Sie, das ich zu Hause selbst erprobt habe. Jeden Abend, bevor meine Kinder ins Bett gehen, spreche ich ihnen vier Merksätze vor: »Ihr könnt alles tun, was ihr tun wollt, wenn ihr groß seid.« »Gebt niemals auf.« »Was auch immer ihr tut, macht es gut.« Und: »Denkt immer daran, wie sehr euer Vater euch liebt.« Das mache ich seit vier Jahren jeden Abend. Die Kinder sagen oft: »Papa, das wissen wir jetzt alles. Wir wissen, dass wir nie aufgeben dürfen und wie sehr du uns liebst. Das wird langsam langweilig.« Aber ich habe das Gefühl, dass eines Tages, vielleicht wenn ich alt und faltig bin, ein Brief von Colby oder Bianca, meinen beiden Lieblingsmenschen auf der Welt, mit der Post kommen wird. Und auf diesem Blatt Papier werden die einfachen Worte stehen: »Dad, ich lebe ein tolles Leben. Danke, dass du der Vater bist, der du warst. Und ich danke dir für diese vier Merksätze jeden Abend. Sie haben mir sehr geholfen.«

KAPITEL 31

ENTLOCKEN SIE DEN ANDEREN EIN »WOW!«

Bevor ich dieses Kapitel schrieb, checkte ich in das Hotel »Victor« hier in South Beach ein. Ich hatte mitbekommen, dass es vor ein paar Monaten renoviert wurde, und mir vorgenommen, es mir bei meinem nächsten Besuch in Miami anzuschauen. Nun bin ich also hier, warte darauf, beeindruckt zu sein, und suche nach einem Grund, Ihnen etwas Gutes über diesen Ort zu erzählen, in einer Welt, in der so viele Unternehmen langweilig, träge und fade sind.

Ich probiere gerne neue Hotels aus, wenn ich reise. Ich registriere, was man beim Kundenservice tun sollte (und vor allem, was man nicht tun sollte), studiere cooles Design (das mich zu großen Ideen anregt, die ich dann an mein Team für unsere Produkte weitergeben kann, von CD-Hüllen bis hin zu Kleidung) und überprüfe, ob das Hotel versteht, dass in dieser »Erlebnisökonomie«, in der wir heute leben, die Kunden von Anfang bis Ende auf eine Reise mitgenommen werden müssen, die ihnen ein »Toll!« oder »Wow!« entlockt.

Gute Nachrichten! Dieses Hotel ist wirklich erstaunlich. Der Türsteher lächelte mich an, als ich eintrat, und begrüßte mich herzlich. Supercooles Design im Inneren (nichts von dem nüchternen Weiß der Luxusmarke SOBE, das früher so angesagt war, dass es jeder kopiert hat – was es dann unangesagt machte). Viel Grün und frische Farben. Tolle Musik und gute Stimmung. Super nettes Personal an der Rezeption – wieder ein Lächeln und das wunderbare Angebot einer Flasche Evian-Wasser mit Limettenscheibe beim Einchecken. Und da bei den MTV Video Music Awards heute Abend unten am Pool ein Video mit The Killers gedreht wird, fragte mich Karin, ob ich ein Zimmer wolle, von dem aus ich das ganze Geschehen beobachten könne. Klar, ich brauche sowieso nicht viel Schlaf.

Eric, der Page, zeigte mir den Fitnessraum und dann das Spa. Der beste Hotel-Fitnessraum, den ich seit dem »Sanderson« in London gesehen hatte. Und das Zimmer ist fantastisch – Art déco, tadellos sauber und stilvoll eingerichtet. Alles sehr beeindruckend. Umwerfend, um genau zu sein – und das ist der Standard, den ich Ihnen ans Herz legen möchte.

> In dieser »Erlebnisökonomie«, in der wir heute leben, müssen die **Kunden** von Anfang bis Ende auf eine Reise mitgenommen werden, die ihnen ein »Toll!« oder »Wow!« entlockt.

Das Hotel »Victor« hat wenig versprochen und dann viel geliefert. Es hatte die Chance, mich für sich zu gewinnen, und das hat es durch gut geschultes Personal, einzigartige und hervorragend gepflegte Einrichtungen und ausgezeichnete Annehmlichkeiten auch geschafft. Jetzt gehe ich wieder hinunter, um das Essen zu probieren (alle schwärmen von dem Restaurant, in dem der Chefkoch ein Gewürzregal mit 1000 Gewürzen hat, die er in seiner Küche verwendet). Ich möchte wetten, ich werde begeistert sein.

KAPITEL 32

BEKOMMEN, WAS MAN WILL, UND WERTSCHÄTZEN, WAS MAN HAT

Manche Experten ermutigen uns, den Augenblick zu genießen und das zu schätzen, was wir haben, denn das ständige Streben nach mehr sei ungesund und die Hauptursache für unsere Unzufriedenheit. Andere wiederum sagen, dass wir als Menschen dazu geschaffen wurden, jeden Tag über unsere Komfortzone hinauszuwachsen und nach Höherem zu streben – großartig zu werden. Ich habe viel mit diesem Thema gerungen, während ich meine persönliche Philosophie entwickelte, nach der ich mein Leben gestalten will. Ich glaube, ich habe die Antwort gefunden, eine Lösung, die mir passend und richtig erscheint: Es ist ein *Gleichgewicht*, das habe ich erkannt. Ich nenne es die Mandela-Balance.

Nelson Mandela, ein Mann, den ich sehr bewundere, sagte einmal: »Nachdem man einen großen Hügel erklommen hat, stellt man fest, dass es noch viele weitere Hügel zu erklimmen gibt. Ich habe mir hier einen Moment Zeit genommen, um mich auszuruhen, um einen Blick auf die herrliche Aussicht zu werfen, die mich umgibt, und um auf den Weg zurückzublicken, den ich zurückgelegt habe. Aber ich kann mich nur einen Augenblick ausruhen, denn mit der Freiheit kommt die Verantwortung, und ich wage nicht zu verweilen, denn mein langer Weg ist noch nicht zu Ende.«

Für mich will Nelson Mandela damit sagen, dass es letztlich auf ein Gleichgewicht ankommt. Genießen Sie die Aussicht von dort, wo Sie gerade sind. Genießen Sie, wie weit Sie gekommen sind. Seien Sie dankbar dafür, wo Sie sich auf der Reise Ihres Lebens befinden. Leben Sie im Augenblick. Erinnern Sie sich aber auch daran, dass mit den Gaben, die Sie in sich tragen, eine große Verantwortung einhergeht. Ich glaube, dass jeder Mensch die »Pflicht zu glänzen« hat. Wir dürfen uns nicht auf unseren vergangenen Erfolgen ausruhen und selbstgefällig werden. Wir müssen in die Welt hinausgehen – jeden Tag – und unser Bestes tun, um anderen einen größeren Dienst zu erweisen, mehr von unserem Potenzial zu verwirklichen und bessere Bewohner dieses Planeten zu werden. Wir müssen uns stets unseren Ängsten stellen und mehr aus unserem Leben machen. Wir müssen ständig ein größeres Spiel spielen und unsere kreativen Talente nutzen, um mehr zu leisten, mehr zu sein und mehr zu sehen. Dieser Drang, mehr von uns selbst zu verwirklichen, ist meiner Meinung nach in unserem Erbgut verankert, und ihn zu leugnen, hieße, unsere menschliche Natur zu verleugnen.

> Diese **Welt** wurde von Menschen erbaut, die mit dem Bestehenden **unzufrieden** waren und wussten, dass sie es besser machen konnten.

Und, ja, wenn wir uns kühnere Träume setzen und unsere Ansprüche an uns selbst anheben, werden wir eine gewisse Unzufriedenheit erzeugen. Aber diese Welt wurde von Menschen erbaut, die mit dem Bestehenden unzufrieden waren und wussten, dass sie es besser machen konnten. »Zeige mir einen völlig zufriedenen Menschen, und ich zeige dir einen Versager«, sagte Thomas Edison. Heutzutage ist das politisch unkorrekt, ich weiß. Aber ich glaube, er sprach die Wahrheit. Die Größten unter uns waren nicht zufrieden damit, wie die Dinge waren. Denken Sie an Gandhi. Denken Sie an Mutter Teresa. Denken Sie an Erzbischof Desmond Tutu. Denken Sie an Bill Gates. Denken Sie an Einstein. Denken Sie an Mandela.

Wertschätzen Sie also, was Sie haben. Und streben Sie dann nach dem, was Sie sich wünschen. Genießen Sie den Aufstieg auf den Berg. Aber verlieren Sie den Gipfel nie aus den Augen.

KAPITEL 33

DENKEN SIE WIE EIN FIRMENCHEF

Vor ein paar Monaten unterhielt ich mich mit dem Führungsteam von Satyam Computer Services. Ein großartiges Unternehmen. Eine der am schnellsten wachsenden IT-Firmen Asiens: von null auf 1 Milliarde Dollar Umsatz in weniger als zehn Jahren. 23 000 Mitarbeiter. Der Chef ist ein Visionär. Auf eine seiner starken Ideen möchte ich hier eingehen. Bei Satyam gibt es 1500 Topmanager. Sie leiten 1500 verschiedene Abteilungen oder Funktionsbereiche des Unternehmens. Also sagt er ihnen, dass sie eigentlich keine angestellten Manager sind – sie sind die Chefs ihrer eigenen kleinen Unternehmen. Das größere Unternehmen ist lediglich ein »Investor«, den sie bei Laune halten müssen. Es stellt ihnen Ressourcen, Strukturen und Möglichkeiten zur Verfügung. Sie müssen nur noch Ergebnisse liefern. Dieses Konzept inspiriert sie dazu, Verantwortung für ihre Funktionsbereiche zu übernehmen und sich wie Unternehmer zu verhalten. Es bringt sie dazu, wie echte Führungskräfte zu handeln. Es ermutigt sie, Teil der Lösung und nicht Teil des Problems zu sein. Wirklich brillant.

Übernehmen Sie persönliche **Verantwortung** für den Erfolg Ihrer Firma. Treten Sie auf wie ein Unternehmer. Steigern Sie den Umsatz. Senken Sie die Kosten. Leisten Sie einfach **gute** Arbeit.

Sie sind der Chef Ihres Funktionsbereichs. Arbeiten Sie in der Finanzabteilung? Sie sind der Leiter dieses Bereichs, dieses kleinen Unternehmens im großen Unternehmen. Arbeiten Sie in der Personalabteilung? Das ist Ihr kleines Unternehmen. Sie räumen am Ende des Tages auf? Dann leiten Sie ein Reinigungsunternehmen, das dem größeren Unternehmen dient, mit dem Sie zusammenarbeiten. Übernehmen Sie persönliche Verantwortung für den Erfolg Ihrer Firma. Treten Sie auf wie ein Unternehmer. Steigern Sie den Umsatz. Senken Sie die Kosten. Leisten Sie einfach gute Arbeit. Sie werden in Ihrer Karriere glänzen. Und der Chef wird Sie lieben.

KAPITEL 34

HANDELN SIE WIE EIN SPORTLER

Eine der besten Methoden, die ich kenne, um spektakuläre Ergebnisse in den wichtigsten Bereichen Ihres Lebens zu erzielen, ist das tägliche Training. Spitzensportler wissen, dass man nur durch Übung zu Größe gelangt. Vor einiger Zeit war ich für eine Reihe von Vorträgen und Workshops in Moskau. Eines Morgens suchte ich den Fitnessraum des Hotels auf, um zu trainieren. Es war 6 Uhr früh. Raten Sie mal, wer da war? Mary Pierce, der Tennisstar. Zwei Stunden lang lief sie, stemmte Gewichte, machte Sit-ups und unzählige Liegestütze. Sie zahlte den Preis für ihren Erfolg.

Man muss trainieren, um zu Höchstleistungen zu gelangen. Sportler wissen das nur zu gut. Warum ist es für uns andere so fremd? Natürlich erfordert Übung Disziplin. Aber wie mein Freund Nido Qubein (ein Unternehmensberater und Motivationsredner) sagt: »Der Preis der Disziplin ist immer geringer als der Schmerz des Bedauerns.« Ein weiser Mann.

Ich will damit sagen, dass es Arbeit erfordert, persönlich und beruflich Großes zu erlangen. Ich würde nie behaupten, dass Sie Ihre Träume erreichen können, ohne gewisse Opfer zu bringen und den Preis in Form von Hingabe und Selbstbeherrschung zu zahlen. »Zahlen Sie den Preis.« In diesen Worten steckt viel Wahrheit. Bei den Besten unter uns erscheint alles so einfach. Ich nenne es den Schwaneneffekt – Spitzenkräfte lassen persönliche und geschäftliche Meisterleistungen mühelos aussehen und schaffen es scheinbar, ihre Ziele ohne große Anstrengungen zu erreichen und sich so anmutig wie ein Schwan auf dem Wasser zu bewegen. Aber genau wie beim Schwan sieht man nicht, was unter der Oberfläche an Planung, Disziplin, harter Arbeit und nahezu fehlerfreier Ausführung abläuft.

Spitzensportler wissen, dass man nur durch Übung zu **Größe** gelangt.

Ich habe eine Reihe von Übungen, mit denen ich mich auf einen großartigen Tag vorbereite. Diese habe ich Ihnen bereits vorgestellt. Ja, manchmal konfrontiert uns das Leben mit unerwarteten Herausforderungen, die uns aus der Bahn werfen – so ist das Leben nun einmal. Aber mithilfe verschiedener bewährter Praktiken, die Sie zu Höchstleistungen anspornen, werden Sie viel öfter in einem positiven Zustand bleiben. Dies ist eine einfache, aber lebensverändernde Idee, die schon so vielen unserer Kunden geholfen hat. Zu diesen Praktiken gehört zum Beispiel ein morgendliches Tagebuch, in dem Sie Ihre Gefühle, Gedanken und die Segnungen, für die Sie dankbar sind, festhalten. Oder Sie beginnen Ihren

Tag mit einem intensiven Training und einer erstklassigen Mahlzeit. Ich höre oft 15 Minuten lang Musik, denn sie gibt mir nicht nur Energie, sondern macht mich auch glücklicher. Außerdem verwende ich Erfolgssprüche oder Affirmationen, um mich zu konzentrieren. Erfolg, Freude und innerer Frieden stellen sich nicht von selbst ein. Man muss sie sich schaffen. Legen Sie sich eine Reihe von Übungen zurecht, und führen Sie diese konsequent durch. Und dann gehen Sie hinaus in unsere schöne Welt und glänzen Sie.

KAPITEL 35

SEIEN SIE ENTHUSIASTISCH

»Sei enthusiastisch« ist eine klare und unmissverständliche Aussage. »Sei energiegeladen« klingt eher abgedroschen. »Sei leidenschaftlich« erscheint langweilig. Doch ohne Enthusiasmus, Energie und Leidenschaft können Sie keine Spitzenleistungen auf Ihrem Fachgebiet erbringen, und ein Unternehmen kann ohne diese Eigenschaften nicht zur Weltklasse aufsteigen. (Hey, ich habe nie behauptet, dass diese Art von Leadership Hexenwerk sei.) Ralph Waldo Emerson sagte einmal: »Jede große und beeindruckende Bewegung in der Welt ist auf den Triumph der Begeisterung zurückzuführen.« Und der Unternehmer und Autor Samuel Ullman bemerkte: »Niemand wird alt, nur weil er eine gewisse Anzahl von Jahren lebt. Wir werden alt, wenn wir unsere Ideale aufgeben. Die Jahre mögen die Haut runzlig machen, aber den Enthusiasmus aufzugeben, das führt dazu, dass die Seele verkümmert.« Enthusiasmus ist wichtig.

Die Menschen, mit denen ich gerne zusammen bin, sind im Allgemeinen diejenigen, die eine einfache, herzliche Eigenschaft an den Tag legen: Sie sind begeistert. Überaus begeistert. Sie sind offen für das Leben. Sie sind neugierig.

Sie lieben es, zu lernen. Sie lächeln, wenn sie mich sehen. Und sie haben eine Menge Spaß. Machen Sie etwas mit Begeisterung oder machen Sie es gar nicht.

Kommen Sie heute mit all dem Enthusiasmus zur Arbeit, den Sie aufbringen können. Seien Sie unverschämt energiegeladen und wahnsinnig lebendig. Sehen Sie das Beste in den Menschen. Gehen Sie die Extrameile, um Ihre Kunden zu begeistern. Erkennen Sie die Chance zum Lernen und zur persönlichen Weiterentwicklung, wenn Sie gerade einen scheinbaren Rückschlag erleiden. Nehmen Sie Veränderungen als Chance an, um zu wachsen. Lachen Sie mit einem Teamkollegen. Sagen Sie Ihren Liebsten, dass Sie sie bewundern. Verbreiten Sie Leidenschaft. Ich werde der Erste sein, der anerkennt, dass man nicht kontrollieren kann, was einem jeden Tag widerfährt. Aber mit einem hohen Maß an Enthusiasmus habe ich keinen Zweifel daran, dass Sie die kommenden Stunden mit Anmut, Stärke und einem Lächeln meistern werden.

Seien Sie **unverschämt** energiegeladen
und **wahnsinnig** lebendig.

KAPITEL 36

ERFOLG IST NICHT SEXY

Viele Führungsexperten erwecken den Eindruck, dass es besonders schwierig und kompliziert wäre, erfolgreich und leistungsfähig zu sein. Sie predigen die jeweils neueste Technik und bieten die neueste Methode an, die Sie angeblich zu Ihrem besten Leben führen wird. Nehmen Sie eine Zauberpille oder probieren Sie die neueste Mode aus, und alles wird gut – das Leben wird sich auf vollkommene Weise entfalten.

Das ist Unsinn. Ja, die Gestaltung einer außergewöhnlichen Existenz ist mit Arbeit verbunden. Natürlich erfordert der Weg zur Großartigkeit – in persönlicher wie beruflicher Hinsicht – Opfer. Ein wesentliches Zeichen von Reife ist die Fähigkeit, auf sofortige Befriedigung zu verzichten, um später viel spektakulärere Erfolge zu erzielen. Und es stimmt, das Richtige zu tun, ist in der Regel das Schwerste, was man tun kann. Aber es gibt auch eine gute Nachricht: Mit täglichen, konsequenten Bemühungen in Richtung Ihrer Träume und der Anwendung der Grundlagen des Erfolgs können Sie tatsächlich an jenen Ort gelangen, von dem Sie schon immer geträumt haben.

Erfolg ist nicht sexy. Es geht vielmehr darum, sich die Grundlagen für Spitzenleistungen mit leidenschaftlicher

Konsequenz durch Beständigkeit zu erarbeiten. Ich liebe dieses Wort. Beständigkeit. Es ist erstaunlich, wie weit man kommt, wenn man nur lange genug an einer Sache dranbleibt. Die meisten Menschen geben zu früh auf. Ihre Ängste sind stärker als ihr Glaube.

Halten Sie sich an die Grundlagen, von denen Sie in Ihrem Herzen wissen, dass sie wahr sind, und Sie werden gut zurechtkommen. Was sind das für Grundlagen? Dinge wie positiv zu sein, die Verantwortung für das zu übernehmen, was in Ihrem Leben nicht funktioniert, Menschen gut zu behandeln, hart zu arbeiten, ein Erneuerer und kein Mitläufer zu sein, früh aufzustehen, sich Ziele zu setzen, die Wahrheit zu sagen, Selbstdisziplin zu üben, Geld zu sparen, auf die Gesundheit zu achten und die eigene Familie wertzuschätzen. Aber das wissen Sie ja bereits. Nike ist ein Kunde von uns. Und sie haben mit dem ganzen JDI-Kram alles richtig gemacht: Just Do It! Wie ich in meinem Buch *Wer wird um dich weinen, wenn du nicht mehr bist?* geschrieben habe: »Die kleinste Handlung ist immer besser als die kühnsten Absichten.«

Machen Sie die Dinge nicht kompliziert. Ihr bestes Leben zu erreichen, ist einfach. Nicht leicht, aber einfach. Man muss sich nur konzentrieren und sich anstrengen. Die Philosophie über die tausend Meilen lange Reise, die mit einem einzigen Schritt beginnt, ist wahr. Tun Sie jeden Tag ein wenig, um Ihre Ziele zu erreichen, und mit der Zeit werden Sie es schaffen. Kleine tägliche Fortschritte führen im Laufe des Lebens zu großen Ergebnissen.

Es ist **erstaunlich**, wie weit man kommt, wenn man nur lange genug an einer Sache dranbleibt. Die meisten Menschen geben zu früh auf. Ihre Ängste sind stärker als ihr **Glaube**.

Die große Idee: Beim Streben nach persönlicher – und unternehmerischer – Großartigkeit geht es nicht um Revolution, sondern um Evolution, um kleine, aber beständige Erfolge. Der Walmart-Gründer Sam Walton hat mit einem einzigen Geschäft angefangen. Richard Branson begann mit seinem ersten kleinen Plattenladen. Steve Jobs gründete Apple in seiner Garage. Hey, ich habe mit ein paar Kisten selbstverlegter Bücher angefangen, die ich in einem Kopierladen gedruckt hatte. Und zu meinem ersten Seminar kamen nur 23 Personen – 21 von ihnen waren Familienangehörige. Jeder Traum fängt klein an. Aber Sie müssen anfangen. Heute.

KAPITEL 37

ÜBER KUSCHELPARTYS UND DEN TRAURIGEN ZUSTAND DER WELT

Halten Sie sich fest: Ich habe gerade gehört, dass sich Menschen in ganz Nordamerika an bestimmten Orten treffen, um »Kuschelpartys« zu feiern. Fremde treffen sich, stellen sich vor und verbringen dann Zeit mit Kuscheln. Nichts weiter – nur die Berührung eines anderen Menschen spüren und sich verbunden fühlen. Hmmm.

> Das Paradoxe an unserer vernetzten Welt ist, dass wir mit zunehmender elektronischer **Vernetzung emotional** immer weniger verbunden sind.

Das Paradoxe an unserer vernetzten Welt ist, dass wir in dem Maße, wie wir mit zunehmender elektronischer Vernetzung emotional immer weniger verbunden sind. Die Menschen verbringen jeden Abend Stunden mit dem Lesen von Blogs, dem Herunterladen von Podcasts und dem Surfen im Internet. Aber sie haben vergessen, wie wichtig das altmodische Gespräch ist. Sie vernachlässigen die Macht des gemeinsamen Frühstücks mit Familie und Freunden. Und sie haben aus den Augen verloren, wie wichtig menschliche Berührungen sind.

Machen Sie, was Sie wollen. Ich bin kein Richter. Aber ich habe nicht vor, in nächster Zeit auf einer Kuschelparty aufzutauchen. Ich möchte lieber daran arbeiten, die Bande der Menschlichkeit mit den Menschen um mich herum zu knüpfen, indem ich liebevoll zu meinen Kindern und anderen Familienmitgliedern bin, freundlich zu meinen Freunden und unterstützend gegenüber meinen Teamkollegen und Kunden. Allein das würde mir schon die nötigen Streicheleinheiten verschaffen, die ich brauche.

KAPITEL 38

DER WERT DES GUTEN

Nach einem Vortrag bei einem großen Telekommunikationsunternehmen kam eine Frau mit Tränen in den Augen auf mich zu. »Robin, ich habe alle Ihre Bücher gelesen und bemühe mich nach Kräften, so zu leben, wie Sie schreiben. Aber es gab einen Mann, der Ihre Weisheit tatsächlich gelebt hat. Er ist vor ein paar Monaten gestorben. Er war mein Vater.« Sie hielt inne und senkte den Blick. »Fünftausend Menschen sind zur Beerdigung meines Vaters gekommen«, fuhr sie fort. »Die ganze Stadt war da. Ich fühlte mich so geehrt, als ich das sah.«

»War Ihr Vater ein bekannter Geschäftsmann?«, fragte ich.

»Nein«, antwortete sie.

»Ein beliebter Politiker?«, wollte ich wissen.

»Nein«, antwortete sie leise.

»War Ihr Vater eine lokale Berühmtheit?«

»Nein, Robin, das war er überhaupt nicht.«

»Warum sind dann fünftausend Menschen zur Beerdigung Ihres Vaters gekommen?«, musste ich fragen.

Die Frau machte eine lange Pause. »Sie sind gekommen, weil mein Vater ein Mann war, der immer ein Lächeln auf dem Gesicht hatte. Er war der Typ Mensch, der immer der erste war, der jemandem in Not half. Er behandelte die Menschen immer unglaublich gut und war stets höflich. Er ging so leichtfüßig über die Erde. Zu der Beerdigung meines Vaters kamen fünftausend Menschen, weil er gut war.«

Was ist aus der Wertschätzung des Guten geworden? In Reality-TV-Shows werden die schlimmsten menschlichen Verhaltensweisen gezeigt. Wir sehen Musik-Superstars, die alle fünf Sekunden fluchen. Wir lesen von Firmenchefs, die sich die Taschen füllen, um sich größere Yachten zu kaufen, während die Aktionäre ihre Ersparnisse verlieren. Ich habe den Film *Wall Street* gern angeschaut. Aber Gordon Gekko hat sich geirrt: Gier ist nicht gut. Güte ist gut.

Manche Leute lachen über die Vorstellung, nett, anständig und edel zu sein. »Das ist ein Zeichen von Schwäche«, höre ich. Das stimmt nicht. Es ist ein Zeichen von Stärke. Weich ist hart. Es ist leicht, sich selbst an die erste Stelle zu setzen. Es ist leicht, wütend zu werden, wenn jemand anderer Meinung ist als man selbst. Es ist leicht, sich zu beklagen oder andere zu verurteilen oder den Weg des geringsten Widerstands zu gehen. Mutig hingegen ist es, für etwas Höheres einzustehen, das über einen selbst hinausweist, und anderen zu dienen. Wie Mandela. Wie Gandhi. Wie King. Menschen, die zu meinen Helden zählen. Ich wünschte, ich könnte auch nur ein Viertel so gut sein wie sie.

Gordon Gekko hat sich geirrt: Gier ist nicht gut. **Güte** ist gut.

Entschuldigen Sie, dass ich mich so aufrege, aber das ist ein wichtiges Thema für mich. Ich bin bei Weitem nicht vollkommen. Ich bin nur ein Bote – ein gewöhnlicher Mensch. Aber eines kann ich Ihnen sagen: Ich tue mein Bestes, um gut zu sein. Diese Aufgabe hält mich nachts wach. Und ich halte mich selbst an einen Standard, der weit höher ist, als irgendjemand je von mir erwarten würde. Mache ich immer alles richtig? Nein. Bin ich immer ruhig und friedvoll und ohne Wut? Nein. Bin ich immer ein Vorbild für meine Botschaft? Nein. Ich bemühe mich jeden Tag darum, aber manchmal gelingt es mir nicht.

Ich will damit nicht sagen, dass ein respektvoller Umgang mit Menschen bedeutet, dass man keine hohen Ansprüche an sie stellt und keine Spitzenleistungen von ihnen erwartet. Es bedeutet auch nicht, dass man keine Grenzen setzt und nicht hart durchgreift, wenn es sein muss. Führungskraft zu demonstrieren, bedeutet nicht, von allen gemocht zu werden. Es geht darum, das zu tun, was richtig ist. Und das, was gut ist.

KAPITEL 39

ANMUT UNTER DRUCK

Dr. Martin Luther King Jr. erklärte einmal in einer Rede: »Der eigentliche Maßstab für einen Menschen ist nicht, wie er sich in Momenten der Bequemlichkeit und des Komforts verhält, sondern was er in Zeiten der Herausforderung und der Widrigkeiten tut.« Wie wahr. Was wir als Menschen sind, zeigt sich in Zeiten des Unglücks deutlicher als in Zeiten der Bequemlichkeit. Jeder kann positiv, höflich und freundlich sein, wenn die Dinge gut laufen. Was Menschen mit einem außergewöhnlichen Charakter von den anderen unterscheidet, ist die Art und Weise, wie sie reagieren, wenn das Leben uns in eine seiner unvermeidlichen Kurven schickt. Sie brechen nicht zusammen und geben auch nicht klein bei. Sie schöpfen Kraft aus ihrem Innersten und zeigen der Welt, aus welchem Holz sie geschnitzt sind.

Vor ein paar Stunden befand ich mich in einem Flugzeug, in dem ich von London nach Hause fliegen wollte. Es stand noch auf der Startbahn, denn der Flug hatte sich um einige Stunden verspätet, aber es war ein gutes Gefühl, so kurz vor dem Start zu stehen. Ich hatte mir meinen iPod zurechtgelegt sowie ein neues Buch zum Lesen und mein Tagebuch. Da ertönte die Stimme des Piloten über die Lautsprecheranlage: »Das Bodenpersonal hat ein Metallinstrument in einem der Reifen gefunden. Wir bedauern, dass wir den Flug absagen müssen.« Die Reaktionen, die diese Aussage hervorrief, waren faszinierend.

Ein Mann in meiner Nähe wurde einem Flugbegleiter gegenüber aggressiv. Ein Paar in einer anderen Reihe schimpfte lautstark. Ein Geschäftsmann in einem dunklen Anzug trat mit dem Fuß gegen den Sitz vor ihm. Doch einige Passagiere reagierten anders, nämlich mit stiller Menschlichkeit. Ein älterer Herr lächelte, als er anderen half, ihr Gepäck aus den Gepäckfächern zu nehmen. Ein Teenager, der nicht wie die meisten anderen Passagiere gleich zum Ausgang drängte, blieb stehen, um einer Frau mit einer Behinderung zu helfen. Die Dame, die neben mir saß, lachte und sagte: »Hey, das ist nicht das Ende der Welt«, dann rief sie ihre Kinder an und erzählte ihnen von ihrem Abenteuer. Kluge und weise Menschen besitzen die bemerkenswerte Fähigkeit, in schwierigen Zeiten die Bodenhaftung zu behalten.

Kein Leben ist vollkommen, meines ganz sicher auch nicht. Wir alle müssen uns großen und kleinen Herausforderungen stellen. In diesem Augenblick gibt es irgendwo auf der Welt Eltern, die mit dem Tod ihres Kindes konfrontiert sind. In diesem Augenblick hat jemand einen Unfall erlitten, der für seine Angehörigen verheerend sein wird. In diesem Augenblick gibt es Menschen, die in einem Krankenhausbett mit einer schweren Krankheit zu kämpfen haben. Krankheit, Verlust, Enttäuschung. Niemand kommt durch das Leben, ohne diese Dinge zu erleben. Aber Sie und ich haben die Macht, uns über unsere äußeren Umstände hinwegzusetzen. Wir haben immer die Wahl, stark und positiv zu sein, wenn das Chaos ausbricht. Wir haben das Recht, unsere Stolpersteine als Trittsteine für unser großartiges Leben zu nutzen. Das ist keine Motivationspredigt. Ich glaube, es ist schlicht die Wahrheit.

Was Menschen mit einem **außergewöhnlichen** Charakter von den anderen unterscheidet, ist die Art und Weise, wie sie reagieren, wenn das Leben uns in eine seiner **unvermeidlichen** Kurven schickt.

Anmut unter Druck. Das ist es, was Führungspersönlichkeiten von Mitläufern unterscheidet. Es ist diese schöne Eigenschaft, die andere inspiriert und einen fortgeschrittenen, gereifteren Geist widerspiegelt. Es ist eine Eigenschaft, die es Ihnen ermöglicht, ein spektakuläres Leben zu führen – eines, auf das Sie am Ende stolz sein werden. Mein Sitznachbar hatte recht – es könnte alles so viel schlimmer sein. Ich bin in Sicherheit. Ich bin gesund. Ich habe zwei wundervolle Kinder. Ich habe eine Arbeit, die ich liebe, und so viel, wofür ich dankbar sein kann. Natürlich muss ich jetzt ein paar Stunden warten, bis ich den nächsten Flug nach Hause nehmen kann. Vielleicht fange ich mit dem Buch an, nach dem mich mein Lektor ständig fragt.

KAPITEL 40

UM PRODUKTIVER ZU WERDEN, ENTSPANNEN SIE SICH UND HABEN SIE MEHR SPASS

Wenn Sie Ihre ganze Zeit mit Arbeit verbringen, wird sich Ihre Produktivität nicht steigern. Meiner Erfahrung nach – und ich mache das schon seit über zehn Jahren – kommen die wenigsten Menschen bei der Arbeit auf ihre besten Ideen. Ich lade Sie ein, sich einen Moment Zeit zu nehmen, um darüber nachzudenken. Wenn Sie alle 60 Sekunden Ihre E-Mail-Nachrichten auf Ihrem BlackBerry abrufen, werden Sie nicht effizienter sein. Wenn Sie die Kerze an beiden Enden anzünden, zapfen Sie nicht Ihren natürlichen Pool an Kreativität an. Wenn Sie sich weigern, ab und zu auszuspannen und Urlaub zu nehmen, werden Sie nicht zu einem Star-Performer werden. Folgende wichtige Lektion habe ich gelernt: Ich habe meine besten Ideen – die Gedanken, die mein Geschäft wirklich vorangebracht und mein Leben revolutioniert haben –, wenn ich entspannt bin und mich amüsiere.

Es ist von großem Wert, wenn man sich die Zeit nimmt, sich zu entspannen und die Dinge zu tun, die das Herz mit Freude erfüllen. Isaac Newton machte seine bahnbrechenden Beobachtungen zu den physikalischen Gesetzen nicht, als er sich beeilte, um noch schnell eine U-Bahn zu erwischen. Albert Einstein verbrachte viel Zeit mit Segeln, wobei er die Verbindung mit seinem kindlichen Selbst suchte. Der Erfinder der Nähmaschine kam auf die Idee zu diesem Gerät, als er von einem Inselbewohner träumte, der einen Speer in der Hand hielt, in dessen Spitze sich ein Loch befand. Das Konzept meines Buches *Über die Kunst zu führen: Die acht Rituale visionärer Führungskräfte* entwickelte ich während einer langen Autofahrt auf dem Land. Als mir die Idee kam, hielt ich auf einer unbefestigten Straße an und notierte meine Gedanken mehr als zwei Stunden lang in meinem Tagebuch. Das war eine unvergessliche Erfahrung für mich.

> Ich habe meine besten Ideen – die Gedanken, die mein Geschäft wirklich vorangebracht und mein Leben **revolutioniert** haben –, wenn ich entspannt bin und mich **amüsiere**.

Ich scherze oft mit meinen Zuhörern, dass ich den Großteil meines Einkommens auf einer Skipiste verdiene. Die Leute lächeln. Aber sie verstehen, worauf ich hinaus will. Sie müssen Ihrem Genie Raum geben, damit es sich entfalten kann. Wir bekommen unsere kreativen Schübe, diese Ideenströme, die unser geschäftliches und privates Leben auf die nächste Stufe heben, während wir Ski fahren oder in einem

Starbucks Kaffee trinken oder im Wald spazieren gehen oder bei Sonnenaufgang meditieren. Diese Beschäftigungen sind keine Zeitverschwendung. Ganz im Gegenteil. Diese Beschäftigungen sind eine großartige Nutzung der Zeit. Kreativität entsteht, wenn man entspannt und glücklich ist und den Augenblick genießt. Und wenn sie kommt, kann sie Ihnen Ideen bringen, die Ihre Welt auf den Kopf stellen. Es braucht nur eine einzige gute Idee, um zu ungeahnten Ergebnissen zu gelangen. Wenn Sie sich entspannen, Urlaub machen und sich Zeit für Spaß nehmen, sind Sie tatsächlich erfolgreicher.

Und diese Beschäftigungen bringen Ihnen auch Geld ein. Mireille Guiliano, die ehemalige Chefin von Clicquot, hat es sehr schön ausgedrückt: »Wir müssen uns jeden Tag Zeit für uns selbst nehmen, weil wir in einer Welt des Burnout leben. Schon wenn man sich nur 20 oder 30 Minuten Zeit für sich selbst nimmt, ist man ein besserer Mitarbeiter, ein besserer Kollege, ein besserer Mensch. Das kommt den Menschen um Sie herum ebenso zugute wie Ihnen selbst.«

Einige große Unternehmen wissen das: Hewlett-Packard hat kürzlich festgestellt, dass ständige Unterbrechungen durch die Beschäftigung mit irgendwelchen technischen Geräten den Intelligenzquotienten eines durchschnittlichen Mitarbeiters in einer Arbeitsumgebung um zehn Punkte senken. Und das US-amerikanische Softwareunternehmen Veritas erlebte Erstaunliches, nachdem es »E-Mail-freie Freitage« eingeführt hatte: Der Freitag wurde zum produktivsten und kreativsten Tag der Woche.

Gönnen Sie sich also etwas Freude und Spaß. Lachen Sie mit Ihren Arbeitskollegen. Machen Sie in der Mittagspause einen Spaziergang. Gehen Sie dieses Wochenende angeln, schwimmen oder golfen. Vielleicht verbringen Sie eine Woche an einem schönen Strand oder Sie besuchen die großen Museen in Frankreich und Italien. Oder Sie machen einfach ein Nickerchen und entspannen sich. Und wenn Ihnen jemand vorhält, dass Sie Zeit verschwenden, dürfen Sie ruhig erwidern: »Aber Robin hat mir gesagt, dass das gut ist für meine Produktivität.« Und dann legen Sie sich wieder hin.

KAPITEL 41

Das magische Wort

Manchmal stört mich Undankbarkeit ein wenig. Ich versuche, Menschen gut zu behandeln, ihnen zu helfen, sich weiterzuentwickeln, und sie zu feiern, damit sie ihr bestes Leben leben können. Manchmal würde ich dann einfach gerne ein magisches Wort hören: »Danke.«

Ja, ich weiß, dass es kein Geschenk ist, wenn man jemandem etwas Gutes tut und dafür eine Belohnung erwartet – es ist ein Handel. Und ich weiß, dass Menschen, die Gutes tun, auch Gutes widerfährt. Und ich weiß, dass das Leben ein sehr faires Buchhaltungssystem hat und dass man ernten wird, was man sät. Aber dennoch würde ich dieses magische Wort gerne öfter hören.

Neulich habe ich mit einem Freund gefrühstückt. Er hat so vielen Menschen in seiner Organisation geholfen, ihr höchstes Potenzial zu entfalten – als Führungspersönlichkeiten und als Menschen. Er sah mich an und sagte: »Robin, nach all den Jahren im Geschäft kann ich die Menschen, die mir gesagt haben, dass sie es zu schätzen wissen, was ich für sie getan habe, an einer Hand abzählen.«

Ich glaube, mit meiner Einstellung liege ich nicht ganz verkehrt. Laut Gallup-Untersuchungen ist der Hauptgrund, warum Mitarbeiter ihr Unternehmen verlassen, nicht, weil sie nicht gut genug bezahlt werden, sondern weil sie nicht genug Wertschätzung erfahren. Ihr Talent geht zur Konkurrenz, weil ihnen niemand einmal Danke gesagt hat. Max De Pree, der frühere Chef von Herman Miller, bemerkte weise: »Die erste Aufgabe einer Führungskraft ist es, die Realität zu definieren. Die letzte ist, Danke zu sagen.«

Nehmen Sie sich also heute einen Moment Zeit und denken Sie an die Menschen in Ihrem Leben, die es verdient haben, geschätzt und gewürdigt zu werden, und denen Sie sagen sollten, dass ihre Unterstützung für Sie hilfreich war. Bieten Sie ihnen ein herzliches und begeistertes »Danke« an. Dieses magische Wort kostet nichts. Aber es wird einen großen Unterschied machen.

Nehmen Sie sich heute einen Moment Zeit und denken Sie an die **Menschen** in Ihrem Leben, die es verdient haben, **geschätzt** und gewürdigt zu werden, und denen Sie sagen sollten, dass ihre Unterstützung für Sie hilfreich war.

KAPITEL 42

DER WERT DES TÄGLICHEN STERBENS

Ich habe nicht den Wunsch, der reichste Mensch auf dem Friedhof zu sein. Für mich besteht ein gut gelebtes Leben vor allem darin, von Menschen umgeben zu sein, die ich liebe, gesund zu bleiben und glücklich zu sein (niemand ist ständig glücklich, außer in Filmen), jeden Tag mein höchstes Potenzial auszuschöpfen, eine Arbeit zu verrichten, die ich liebe, und einen Einfluss auf die Welt um mich herum zu haben. Wie können Sie sich also trotz des alltäglichen Drucks auf die Dinge konzentrieren, die Ihnen am wichtigsten sind? Indem Sie täglich einen Tod sterben.

Ich habe darüber in *Der Mönch, der seinen Ferrari verkaufte* geschrieben, aber die Weisheit ist es wert, wiederholt zu werden: Sich der Tatsache bewusst zu werden, dass das Leben kurz ist und niemand weiß, wann es enden wird, ist eine großartige persönliche Übung, um sich auf Ihre höchsten Prioritäten zu konzentrieren. Jeden Morgen aufzuwachen und sich zu fragen: »Wie würde ich mich heute verhalten, wenn dieser Tag mein letzter wäre?«, ist keine banale Motivationsübung. Es ist eine tiefgreifende Methode, um Dringlichkeit und Engagement in Ihre Tage zu bringen. Steve Jobs, der Gründer und frühere Chef von Apple, hat es viel treffender ausgedrückt, als ich es je könnte, als er feststellte: »Niemand will sterben. Selbst Menschen, die in den Himmel kommen möchten, wollen nicht sterben, um dorthin zu gelangen. Und doch ist der Tod das Ziel, das wir alle teilen. Niemand ist ihm je entkommen. Und das ist auch gut so, denn der Tod ist sehr wahrscheinlich die beste Erfindung des Lebens.«

Die meisten von uns lassen das Leben über sich ergehen – wir schlafen am Steuer unseres eigenen Lebens. Und wirklich, die Tage werden zu Wochen, die Wochen zu Monaten und die Monate zu Jahren. Ehe wir uns versehen, liegen wir auf dem Sterbebett und fragen uns, wo die Zeit geblieben ist. Ich habe mit vielen älteren Menschen gesprochen, die genau dieses Gefühl mit Tränen in den Augen zum Ausdruck brachten. Ein Teilnehmer eines Seminars, das ich kürzlich besuchte, brachte es sehr schön auf den Punkt, indem er mir folgende Aussage eines seiner Angehörigen mitteilte: »Als die Sonne schien und die Geschäfte einladend geöffnet waren – da habe ich leider das Einkaufen vergessen. Jetzt ist die Nacht angebrochen und mir fällt ein, dass ich einkaufen hätte sollen.«

Jeden Morgen aufzuwachen und sich zu fragen: »Wie würde ich mich heute verhalten, wenn dieser Tag mein **letzter** wäre?«, ist keine banale Motivationsübung. Es ist eine **tiefgreifende** Methode, um Dringlichkeit und Engagement in Ihre Tage zu bringen.

Ich habe eine kleine Herausforderung für Sie: Sterben Sie täglich. Setzen Sie sich jeden Morgen mit Ihrer Sterblichkeit auseinander. Dann geben Sie sich dem Leben hin. Leben Sie so, als ob es kein Morgen gäbe. Gehen Sie hin und wieder ein Risiko ein. Öffnen Sie Ihr Herz ein wenig weiter. Sprechen Sie wahrhaftig. Zeigen Sie Ihren Respekt für das Geschenk des Lebens, das Ihnen gegeben wurde. Leuchten Sie hell. Verfolgen Sie Ihre Träume. Es ist tragisch, dass sich die meisten Menschen lieber an die Sicherheit klammern, als nach ihrem Besten zu streben. Und wenn Sie morgen aufwachen, streben Sie nach noch Höherem. Am Ende wird man sich an Sie als einen der ganz Großen erinnern. Und Ihre Beerdigung wird eine Feier sein.

KAPITEL 43

KUNDENORIENTIERUNG ODER GEDANKENLOSE SELBSTGEFÄLLIGKEIT

Es ist Samstagmorgen, als ich dieses Kapitel schreibe. Ich bin schon früh aufgestanden, um einen guten Start in diesen geschenkten Tag zu haben. Ich habe eine Stunde damit verbracht Tagebuch zu schreiben, zu lesen und ein sehr gutes Gespräch mit meinen Kindern zu führen. Dann habe ich mich auf den Weg gemacht zu dem Fitnessstudio, in dem ich trainiere und das um 8 Uhr morgens öffnet. Dort gibt es eine Brücke über einen kleinen Fluss, die vom Parkplatz zum Hauptgebäude und zu den Tennisplätzen führt. Gestern hat es kräftig geschüttet und die Brücke ist eingestürzt. Einige Angestellte des Fitnessclubs sahen sich den Schaden an.

Ich betrat das Studio. Es war etwa 7.50 Uhr und ich war bereit für ein intensives Training, um mir Energie für den Tag zu holen. Ich bin Stammkunde, einer der Menschen, die dem Laden das Überleben sichern. Aber das begriffen sie dort anscheinend nicht. Keine Begrüßung. Kein Lächeln. Keine

Herzlichkeit. Nur ein fortgesetztes Gespräch über die zerstörte Brücke.

Ich fragte, ob der Club noch geöffnet sei. Sie lachten. Einer der Angestellten sagte: »Wir werden wohl für eine Weile zumachen müssen.« Okay, ein paar mehr Informationen wären vielleicht hilfreich, Leute. Aber es kamen keine weiteren Informationen. Keine Angaben darüber, wann der Club voraussichtlich wieder geöffnet werden könnte, oder eine Lösung für mich, zum Beispiel alternative Fitnessstudios, wo ich in der Zwischenzeit trainieren könnte, bis der Club seinen Betrieb wieder aufnehmen würde. Ich wandte mich ab; ich hatte einen weiteren Beweis dafür erhalten, dass diese Firma es einfach nicht kapiert. Und dass es sie auch nicht interessiert. Das war früher noch anders.

In der Vergangenheit hat die Firma einen ausgezeichneten Service geboten, erstklassige Einrichtungen und verschiedene Annehmlichkeiten. Einmal im Jahr bekam ich eine Glückwunschkarte zum Geburtstag, die vom gesamten Team unterschrieben worden war, und sie begrüßten mich immer mit meinem Namen, wenn ich hereinkam (was sich gut anfühlte, obwohl ich wusste, dass sie meinen Namen nachschauten, wenn sie meine Karte beim Eintritt durchzogen). Dann begannen sich die Dinge allmählich zu verschlechtern. Der Laden wurde erfolgreich. Nichts führt so leicht oder so schnell zum Scheitern wie der Erfolg. Richard Carrión hatte recht. Die Betreiber hörten auf, ihr Team zu schulen. Sie ließen die Maschinen veralten. Sie betrachteten uns – die Kunden – als etwas Selbstverständliches. Die Brücke ist nicht das Einzige, was dort kaputt ist.

> Im Geschäftsleben geht es darum, die Menschen **wertzuschätzen**, die mit einem Geschäfte machen, und ihnen **mehr** zu bieten, als sie mit Recht erwarten dürfen.

Und wissen Sie was? Wenn ein neuer Fitnessclub eröffnet wird, der zeigt, dass er versteht, warum er im Geschäft ist – nämlich um Mehrwert zu schaffen und seine Kunden zu erfreuen –, werde ich der Erste sein, der sich dort anmeldet. Meiner Ansicht nach geht es im Geschäftsleben darum, die Menschen wertzuschätzen, die mit einem Geschäfte machen, und ihnen mehr zu bieten, als sie mit Recht erwarten dürfen. Kümmern Sie sich um Ihre Kunden. Verärgern Sie sie nicht. Und Ihr Erfolg und Ihre Zukunftsfähigkeit sind garantiert. Eine ziemlich einfache Idee. Nur wenige kapieren sie.

KAPITEL 44

FÜHREN OHNE TITEL

Wenn ich in ein Unternehmen gehe, um die Weiterbildung von Führungskräften zu unterstützen, bittet mich der Kunde oft, den Mitarbeitern zu helfen, zu verstehen, worum es bei Führung geht. Führung hat nichts mit dem Titel auf Ihrer Visitenkarte oder der Größe Ihres Büros zu tun. Führung hat nichts damit zu tun, wie viel Geld man verdient oder welche Kleidung man trägt. Führung ist eine Philosophie. Es ist eine Einstellung. Es ist eine Geisteshaltung. Es ist eine Art zu handeln. Und sie ist für jeden von uns möglich und machbar. Unabhängig davon, was man in einer Organisation tut. Robert Joss, der Dekan der Stanford Graduate School of Business, brachte es treffend auf den Punkt mit der Feststellung: »Unter Führung verstehe ich, die volle Verantwortung für das Wohlergehen und das Wachstum eines Unternehmens zu übernehmen und es zum Besseren zu verändern. Bei echter Führung geht es nicht um Prestige, Macht oder Status. Es geht um Verantwortung.« Wann immer ich mit Angestellten oder Managern von Firmen arbeite, ermuntere ich sie: Führen Sie ohne Titel.

Dazu ein Beispiel. Ich verbringe einen Großteil meines Lebens in Flugzeugen und auf Reisen, daher wird mein Gepäck ziemlich beansprucht. Auf meiner Tour durch Russland ging einmal der Griff meines Handgepäckkoffers zu Bruch. (Übrigens: Sankt Petersburg muss auf der Liste jener Orte stehen, die man gesehen haben muss, bevor man stirbt.) Ich brachte das Stück zu Evex, einem Händler in Toronto. Der junge Mann am Schalter war sehr freundlich zu mir und innerhalb weniger Tage war der Griff repariert. Perfekt!

Als ich einige Zeit später in New York war, brach der Griff abermals ab. Ich ging davon aus, dass ich die Reparatur bezahlen würde müssen, wenn ich zu Evex zurückkehrte. Die meisten Unternehmen legen ihren Kunden viele Steine in den Weg: Wenn Sie die Quittung nicht aufbewahrt haben, haben Sie eben Pech gehabt. Wenn Sie nicht wissen, wer die vorherige Reparatur durchgeführt hat, können wir Ihnen nicht helfen. Wenn Sie das Produkt nicht in diesem Geschäft gekauft haben, existieren Sie für uns nicht. Nun, bei Evex ist das anders. Sie haben es wirklich verstanden. Ihnen ist klar, dass es schlecht für ihr Geschäft ist, wenn sie ihre Kunden nicht gut behandeln. Sie haben nicht vergessen, wer ihnen jeden Abend das Essen auf den Tisch bringt. Wenn Sie Ihre Kunden wie Könige behandeln, können Sie nur gewinnen.

Als ich erklärte, dass der Griff abermals abgebrochen sei, entschuldigte sich die junge Frau am Schalter ohne zu zögern für das Problem, das ich hatte. Dann sagte sie: »Wir versprechen Ihnen, dass Ihr Koffer innerhalb von drei Tagen wieder in Ordnung sein wird. Und natürlich wird Ihnen dafür nichts berechnet.« Kein bürokratischer Aufwand wegen der Quittung von der letzten Reparatur. Keine Hektik. Keine Probleme. Einfach nur großartiger Service mit einem breiten Lächeln.

> »Bei echter **Führung** geht es nicht um Prestige, Macht oder Status. Es geht um **Verantwortung**.«

Diese Frau hat wahre Führungsfähigkeit gezeigt. Sie erkannte das Problem schnell, übernahm die persönliche Verantwortung und traf die richtige Entscheidung. Sie war Teil der Lösung und nicht Teil des Problems. Und sie begeisterte damit ihren Kunden. Sie war nicht die Firmeneigentümerin. Nicht die Vorgesetzte. Keine Managerin. Nur eine Führungskraft ohne Titel.

KAPITEL 45
LEISTEN SIE IHREN BEITRAG

Eine wichtige Frage für Sie: »Was tun Sie, um eine neue und bessere Welt zu schaffen?« Geben Sie nicht den Politikern die Schuld. Geben Sie nicht den Menschen um sich herum die Schuld. Geben Sie nicht Ihren Eltern oder gar Ihrer Herkunft die Schuld. Damit spielen Sie das Opfer, und in dieser Welt gibt es viel zu viele Menschen, die das Opfer spielen, während sie ihre Brillanz mit anderen teilen und etwas bewegen könnten. Mutter Teresa hat es so viel besser ausgedrückt, als ich es je könnte: »Wenn jeder von uns nur vor seiner eigenen Haustür kehren würde, wäre die ganze Welt sauber.«

Wer anderen die Schuld gibt, entschuldigt sich selbst. Wenn man sich einredet, dass man als einzelner Mensch ohnehin nichts bewirken könne, verschenkt man seine Macht. Nach einem Hurrikan vor einiger Zeit organisierten ein paar Studenten leere Schulbusse und fuhren damit in das verwüstete Gebiet, während alle anderen sagten, die Stadt sei mit Fahrzeugen nicht erreichbar. Ein kleiner Mann in einem Lendenschurz namens Mahatma Gandhi befreite eine ganze

Nation. Eine Frau namens Rosa Parks löste eine Bürgerrechtsbewegung aus, weil sie sich weigerte, sich in einem Bus nach hinten zu setzen. Gewöhnliche Menschen können wirklich außergewöhnliche Dinge tun. Mir gefällt, was Anita Roddick, die Gründerin von The Body Shop, einmal sagte: »Wenn du denkst, dass du zu klein bist, um etwas zu bewirken, dann versuche doch mal zu schlafen, wenn eine Mücke im Zimmer ist.«

Leben Sie nach dem, was ich die Jennifer-Aniston-Regel nenne. In einer Ausgabe von *Vanity Fair* erklärte Aniston, dass sie sich einen Tag Zeit nehme, um das Opfer zu spielen, wenn sie etwas Schwieriges erlebt hat. Nach diesem Tag, an dem sie sich machtlos fühlt und sich selbst bemitleidet, wacht sie auf und übernimmt die Verantwortung dafür, wie ihr Leben aussieht. Sie übernimmt die persönliche Verantwortung für ihren Anteil an dem Problem – auch wenn dieser nur ein Prozent ausmacht. Das ist persönliche Führung in der Praxis. »Es spielt keine Rolle, wer du bist oder woher du kommst. Die Fähigkeit zu triumphieren beginnt bei dir selbst. Immer«, stellte der Unterhaltungssuperstar Oprah Winfrey einmal fest.

> Wer anderen die Schuld gibt, **entschuldigt** sich selbst. Wenn man sich einredet, dass man als einzelner Mensch ohnehin nichts bewirken könne, verschenkt man seine **Macht**.

Was gefällt Ihnen nicht an Ihrem Leben oder an dem Unternehmen, für das Sie arbeiten, oder an dem Land, in dem Sie leben? Machen Sie eine Liste. Schreiben Sie alles auf. Schreien Sie es heraus. Und dann unternehmen Sie etwas, um die Dinge zu verbessern. Irgendetwas. Fangen Sie klein an oder machen Sie etwas Großes. Tun Sie einfach etwas. Wenn Sie Ihre Macht, sich zu entscheiden, ausüben, raten Sie mal, was dann geschieht? Ihre Macht wächst. Und wenn Sie sich in Ihrem Einflussbereich dafür einsetzen, dass die Dinge besser werden, raten Sie mal, was dann passiert? Ihr Einflussbereich vergrößert sich. Also leisten Sie Ihren Beitrag. Heute. Jetzt. Die Welt wird dadurch besser werden.

KAPITEL 46

SPIELEN SIE?

Am vergangenen Wochenende habe ich meinen Sohn Colby bei seinem Freund abgesetzt. Als sein Freund zu unserem Auto kam, um Colby zu begrüßen, fragte ich: »Was habt ihr denn heute vor?« Die Antwort lautete schlicht: »Spielen.« Eine perfekte Antwort.

Kinder sind unsere Lehrer. Ich bin nicht der Guru in unserem Haus – das sind die Kinder. Als ich nach Hause zurückfuhr, dachte ich über die Bedeutung des Spiels nach. Wie oft fragt man einen Erwachsenen: »Was hast du heute vor?«, und erhält darauf die Antwort: »Spielen!«? Vielleicht ist das der Grund, warum unsere Welt ganz schön kaputt ist.

Erwachsene sind nichts anderes als **vernachlässigte** Kinder.

Wie sähe Ihr Leben aus, wenn Sie häufiger spielen würden? Wie sähe Ihr Arbeitstag aus, wenn Sie mehr Spaß an Ihrer Arbeit hätten, ganz gleich, welchen Beruf Sie ausüben? Wie sähen Ihre Beziehungen aus, wenn Sie mehr Spontaneität, Lachen, Fröhlichkeit und jugendliche – nein, wilde – Unbekümmertheit hätten? Als Erwachsene hören wir auf zu spielen, sobald wir die Verantwortung des Lebens übernehmen. Erwachsene sind nichts anderes als vernachlässigte Kinder. Warum eigentlich? Das muss nicht so sein. Nehmen Sie sich die Zeit zum Spielen. Nehmen Sie sich die Zeit, ein bisschen leichtsinnig und albern zu sein. Seien Sie bei der Arbeit fantasievoll und bringen Sie die Neugierde in Ihren Alltag zurück. Holen Sie sich das Gefühl des Staunens zurück, das Sie kannten, als das Leben noch aus Fantasie bestand, als Sie mit dem Fahrrad herumstrampelten und jede Sekunde dieser Reise, die man Leben nennt, genossen. Und wenn Sie – mit Ihrer Aktentasche, Ihrem Geschäftsanzug und Ihrem ernsten Gesicht – das nächste Mal jemand anschaut und Sie fragt, was Sie heute vorhaben, ermuntere ich Sie, selbstbewusst die einzige Antwort zu geben, die zählt: »Ich gehe raus zum Spielen.«

KAPITEL 47

VERMEIDEN SIE DAS »SYNDROM DER VIER FAKTOREN DES SCHEITERNS«

Die meisten Schulungen und Lernprozesse sind nicht von Dauer. Es bleibt nicht viel haften. Wir besuchen ein Seminar und geloben, unser Leben zu verändern. Wir sagen, dass wir bessere Eltern, effektivere Führungskräfte und weisere Menschen sein werden. Zwei Tage später geht alles wieder seinen gewohnten Gang – wir sehen nur das Negative, spielen das Opfer und sind schlecht gelaunt. Das Lernen hat nichts gebracht. Weil wir uns nicht verändert haben.

Niemand will versagen. Also **versuchen** die meisten von uns es gar nicht erst.

Nachdem ich Hunderttausenden von Menschen geholfen habe, *nachhaltige* Veränderungen herbeizuführen, und Unternehmen auf der ganzen Welt dabei unterstützt habe, sich in ihren Märkten besser zu behaupten, habe ich vier Hauptgründe ausgemacht, warum sich Menschen gegen Veränderungen sträuben und oft keine Schritte unternehmen, um ihre Karriere und ihr Leben zu verbessern, selbst wenn sie die Möglichkeit dazu hätten. Wenn Sie sich dieser vier Faktoren bewusster sind – ich nenne sie das »Syndrom der vier Faktoren des Scheiterns« –, können Sie bessere Entscheidungen treffen. Und wenn Sie bessere Entscheidungen treffen, werden Sie mit Sicherheit auch bessere Ergebnisse erzielen. Die große Idee: Persönliche Führung beginnt mit Selbsterkenntnis, denn man kann nicht eine Schwäche oder einen blinden Fleck ausmerzen, wenn man nicht einmal davon weiß. Mit anderen Worten: Wenn man es besser weiß, kann man es auch besser machen.

Dies sind die vier Faktoren, die uns davon abhalten, die Veränderungen vorzunehmen, die wir erreichen wollen:

> **Angst.** *Die Menschen fürchten sich davor, den sicheren Hafen des Bekannten zu verlassen und sich ins Unbekannte hinaus zu wagen. Wir Menschen sehnen uns nach Sicherheit – auch wenn sie uns einschränkt. Die meisten von uns mögen es nicht, etwas Neues auszuprobieren – es ruft unser Unbehagen hervor. Der Schlüssel dazu ist, die Angst in den Griff zu bekommen, indem man genau das tut, wovor man Angst hat. Das ist der beste Weg, eine Angst zu besiegen. Tun Sie es, bis die Angst verschwindet. Die Ängste, vor denen Sie weglaufen, kommen auf Sie zu. Die Ängste, die Sie nicht*

kontrollieren, werden Sie kontrollieren. Aber hinter jeder Mauer der Angst liegt ein kostbarer Schatz.

Fehlschlag. *Niemand will versagen. Also versuchen die meisten von uns es gar nicht erst. Traurig. Wir wagen nicht einmal den ersten Schritt zur Verbesserung unserer Gesundheit, zur Vertiefung unserer Arbeitsbeziehungen oder zur Verwirklichung eines Traums. Meiner Meinung nach ist der einzige Misserfolg im Leben der, dass man nichts versucht. Und ich bin fest davon überzeugt, dass das größte Risiko, das man eingehen kann, darin besteht, kein Risiko einzugehen. Machen Sie diesen kleinen Schritt und machen Sie ihn schnell. Der Sportsuperstar Michael Jordan hat einmal gesagt: »Für mich gab es nie Angst, ich hatte keine Angst vor dem Versagen. Wenn ich einen Wurf verfehle, was soll's?« Scheitern ist einfach ein wesentlicher Bestandteil davon, erfolgreich zu werden. Ohne Scheitern kann es keinen Erfolg geben.*

Vergessen. *Wir verlassen nach einem inspirierenden Workshop den Seminarraum und sind bereit, die Welt zu verändern. Aber dann kommen wir am nächsten Tag ins Büro und die Realität überfällt uns wieder. Schwierige Teamkollegen, mit denen wir umgehen müssen. Unzufriedene Kunden, die wir besänftigen müssen. Anspruchsvolle Chefs, die man zufriedenstellen muss. Unkooperative Vorgesetzte. Wir haben keine Zeit, die Selbstverpflichtungen zu erfüllen, die wir eingegangen* *sind, um unsere persönlichen und beruflichen Führungsqualitäten zu verbessern. Also vergessen wir sie. Hier ist ein Schlüssel zum Erfolg: Behalten Sie Ihre Verpflichtungen im Kopf. Schärfen Sie Ihr Bewusstsein für sie. Besseres Bewusstsein – bessere Entscheidungen. Bessere Entscheidungen – bessere Ergebnisse. Behalten Sie die Versprechen, die Sie sich selbst gegeben haben, immer im Blick. Vergessen Sie sie nicht. Schreiben Sie sie auf einen kleinen Zettel, den Sie an Ihren Badezimmerspiegel hängen und jeden Morgen lesen. Klingt albern, funktioniert aber wunderbar. (Sie sollten mal meinen Badezimmerspiegel sehen.) Sprechen Sie viel über Ihre Versprechen (man wird zu dem, worüber man spricht). Schreiben Sie jeden Morgen über Ihre Versprechen in Ihr Tagebuch.*

Glaube. *Zu viele Menschen haben keinen Glauben. Sie sind zynisch. »Diese Schulungen für Führungskräfte und Persönlichkeitsentwicklung bringen nichts.« Oder: »Ich bin zu alt, um mich zu ändern.« Zynismus rührt von Enttäuschung her. Zynische und ungläubige Menschen waren nicht immer so. Als Kinder waren sie erfüllt von Möglichkeiten und Hoffnungen. Aber sie haben es versucht und sind vielleicht gescheitert. Und anstatt im Spiel zu bleiben und zu erkennen, dass Scheitern der Weg zum Erfolg ist, haben sie sich abgeschottet und sind zynisch geworden. So wollten sie vermeiden, abermals verletzt zu werden.*

Das sind die vier Faktoren, die uns daran hindern, uns zu verändern und in unserem Leben echte Führung zu zeigen. Wenn man sie versteht, kann man sie bewältigen und überwinden. Denn Bewusstsein geht dem Erfolg tatsächlich voraus. Und gewöhnliche Menschen können wirklich ein außergewöhnliches Leben führen. Ich erlebe das immer wieder. Sie können wirklich zu Großem gelangen. Glauben Sie mir. Aber Sie müssen damit anfangen. Und wie können Sie wissen, ob es geht, wenn Sie es nicht einmal versuchen?

KAPITEL 48

PROBLEME BRINGEN GENIALITÄT ZUM VORSCHEIN

Probleme sind Diener. Probleme bergen Möglichkeiten. Sie helfen Ihnen zu wachsen und führen zu Verbesserungen, sowohl in Ihrem Unternehmen als auch in Ihrem Leben. In jedem Problem steckt eine wertvolle Gelegenheit, die Dinge besser zu machen. Jede Herausforderung ist nichts anderes als eine Chance, die Dinge zu verbessern. Wer sie vermeidet, verbaut sich Wachstum und Fortschritt. Sich ihnen zu widersetzen, bedeutet, Größe zu verweigern. Nehmen Sie die Herausforderungen an, die vor Ihnen liegen, und machen Sie das Beste daraus. Und bedenken Sie, dass die einzigen Menschen, die keine Probleme haben, tot sind.

Ein unzufriedener Kunde, der Sie anschreit, mag als ein Problem erscheinen. Aber für jemanden, der wie eine Führungskraft denkt, ist dieses Szenario auch eine riesige Chance, die Abläufe des Unternehmens zu verbessern, um sicherzustellen, dass so etwas nicht noch einmal vorkommt, und um ein Feedback zu erhalten, das zur Verbesserung von

Produkten und Dienstleistungen genutzt werden kann. Das Problem hat also tatsächlich dazu beigetragen, das Unternehmen zu verbessern. Kostenlose Marktforschung gewissermaßen.

Auch ein zwischenmenschlicher Konflikt am Arbeitsplatz kann als ein Problem erscheinen. Aber wenn Sie wie eine Führungspersönlichkeit denken und die Umstände nutzen, um gegenseitiges Verständnis aufzubauen, die Kommunikation zu fördern und die Beziehung zu bereichern, hat das Problem Sie tatsächlich besser gemacht. Es hat Ihr Wachstum gefördert und Ihnen gute Dienste geleistet. Segnen Sie es.

Eine Krankheit, eine Scheidung oder der Verlust eines geliebten Menschen mag als ein Problem erscheinen. Gewiss ist es schmerzhaft (ich habe es selbst erlebt, was Scheidung angeht). Aber meine traurigsten Erlebnisse haben mich geprägt. Sie haben mir Tiefe, Mitgefühl und Weisheit vermittelt. Sie haben mir Selbsterkenntnis ermöglicht. Sie haben mich zu dem Mann gemacht, der ich heute bin. Ich würde sie um nichts in der Welt missen wollen.

Die einzigen Menschen, die **keine Probleme** haben, sind tot.

Probleme offenbaren Genialität. Weltklasseunternehmen besitzen eine Kultur, die Probleme als Chance zur Verbesserung sieht. Verurteilen Sie sie nicht – lernen Sie von ihnen und nehmen Sie sie an. Menschen von Weltklasse verwandeln ihre Wunden in Weisheit. Sie nutzen ihre Misserfolge, um dem Erfolg näher zu kommen. Sie sehen keine Probleme. Sie sehen Möglichkeiten. Und das ist es, was sie großartig macht. Denken Sie daran: Ein Fehler ist nur dann ein Fehler, wenn Sie ihn zweimal machen.

KAPITEL 49

LIEBEN SIE IHRE IRRITATIONEN

Die Dinge, die Sie in den Wahnsinn treiben, sind in Wirklichkeit riesige Chancen. Die Menschen, die Sie auf die Palme bringen, sind eigentlich Ihre besten Lehrer. Die Dinge, die Sie wütend machen, sind in Wirklichkeit Ihre größten Geschenke. Seien Sie dankbar für sie. Lieben Sie sie.

Die Menschen oder Umstände, die Ihnen Kraft rauben, besitzen einen außergewöhnlichen Wert: Sie enthüllen Ihre begrenzenden Überzeugungen, Ihre Ängste und falschen Annahmen. Der berühmte Psychologe C. G. Jung hat einmal gesagt: »Alles, was uns an anderen irritiert, kann zu einem Verständnis von uns selbst führen.« Ein starkes Argument. Wie viel würden Sie jemandem zahlen, der Ihnen verspricht, dass er genau das herausfinden kann, was Sie von Ihrem bestmöglichen Leben abhält? Wie viel wäre es Ihnen wert, intime Informationen und Erkenntnisse darüber zu erhalten, warum Sie nicht genau dort sind, wo Sie schon immer hinwollten? Die Dinge, die Sie irritieren, ärgern und erbosen, sind Einstiegspforten zu Ihrer Entwicklung und Ihrem Aufstieg als

Mensch. Sie sind Anzeiger für das, woran Sie arbeiten müssen, und für die Ängste, denen Sie sich stellen müssen. Sie sind Geschenke des Wachstums. Sie können den Menschen, die Sie ärgern oder irritieren, die Schuld geben und alles auf sie schieben. Sie können aber auch weise handeln und tief in sich gehen, um die Gründe für Ihre negative Reaktion zu ergründen. Nutzen Sie die Herausforderungen, um Ihre Selbsterkenntnis zu verbessern. Denn wie können Sie eine Angst überwinden, derer Sie sich nicht einmal bewusst sind? Und wie können Sie eine Unsicherheit überwinden, von der Sie nicht einmal wissen, dass Sie sie haben?

Wenn Sie beginnen, Ihre persönlichen Schwächen zu beleuchten und die Verantwortung für sie zu übernehmen, fangen Sie tatsächlich damit an, sie abzulegen. Schatten, die dem Licht ausgesetzt sind, beginnen zu verschwinden. Sie werden stärker. Immer stärker. Sie werden mehr derjenige, der Sie sein sollten. Sie beginnen, die Welt mit anderen Augen zu sehen. Menschen können wirklich ihre Großartigkeit zur Entfaltung bringen – ich sehe es jeden Tag.

> Die Menschen oder Umstände, die Ihnen Kraft rauben, besitzen einen **außergewöhnlichen** Wert: Sie enthüllen Ihre begrenzenden Überzeugungen, Ihre Ängste und **falschen** Annahmen.

Khalil Gibran, einer meiner Lieblingsdenker, schrieb einmal: »Ich habe Schweigen von den Geschwätzigen, Toleranz von den Intoleranten und Freundlichkeit von den Unfreundlichen gelernt; doch seltsamerweise bin ich diesen Lehrern undankbar.« Wenn Sie also das nächste Mal ein Kollege ärgert, Ihr Teenager Sie aufregt oder ein unhöflicher Kellner in einem Restaurant Sie wütend macht, gehen Sie zu diesen Menschen hin und umarmen Sie sie. Danken Sie ihnen für das Geschenk, das sie Ihnen gerade gemacht haben. Denn das haben sie tatsächlich getan.

KAPITEL 50

REDEN SIE WIE EIN SUPERSTAR

Die Worte, die Sie verwenden, bestimmen, wie Sie sich fühlen. Die Sprache, die Sie wählen, formt die Art und Weise, wie Sie die Realität wahrnehmen. Ihr Wortschatz bestimmt den Sinn Ihres Lebens. Bitte denken Sie über diesen Gedanken nach. Ich glaube, es ist ein wichtiger Gedanke.

Die berühmten Geschäftsleute und Unternehmer, die ich gecoacht habe, gehören zu den temperamentvollsten Menschen, denen ich je begegnet bin. Und die Art und Weise, wie sie reden, spiegelt ihre Hingabe wider, andere Menschen zu fördern und zu verbessern. Sie würden nicht im Traum daran denken, einen Rückschlag als »Problem« zu bezeichnen – sie bezeichnen ihn als »Gelegenheit, etwas noch Größeres zu schaffen«. Und dann, wie von Zauberhand, löst ihre positive Sprache eine Reihe von positiven Empfindungen in ihnen aus, die sie dabei unterstützen, in der scheinbar schwierigen Situation den Sieger und nicht das Opfer zu spielen. Die Großen unter uns würden Informationen über einen verärgerten Kunden niemals als »schlechte Nachrichten« bezeichnen, sondern als »eine Herausforderung, die uns helfen wird zu wachsen«. Anstatt negative Worte zu benutzen, bevorzugen sie siegreiche Worte, die die Menschen um sie herum dazu inspirieren, ihre Möglichkeiten zu nutzen und sich geistig auf den Traum auszurichten. Die Worte, die Sie verwenden, beeinflussen das Leben, das Sie führen. Wählen Sie sie weise aus.

Ich möchte Ihnen eine kleine Übung anbieten. Nehmen Sie Ihr Tagebuch oder ein weißes Blatt Papier zur Hand und machen Sie eine Bestandsaufnahme der Worte, die Sie am häufigsten verwenden. Je mehr Sie sich dessen bewusst sind und je bewusster Sie sich der Qualität Ihrer Sprache werden, desto mehr Wahlmöglichkeiten haben Sie. Und das Aufschreiben von Dingen steigert Ihr Selbstbewusstsein enorm. Wenn Sie dann Ihre am häufigsten verwendeten Worte ermittelt haben, erstellen Sie eine weitere Liste. Formulieren Sie eine Reihe von spektakulär positiven Wörtern, die Ihnen nützen werden – Wörter, wie sie vielleicht ein Superstar in Ihrer Situation benutzen würde. Nehmen Sie sie in Ihren täglichen Wortschatz auf. Sie werden feststellen, dass Sie sich beim Aussprechen dieser Wörter besser fühlen. Stärker. Leidenschaftlicher. Und wenn Sie sich großartig fühlen, was geschieht dann? Sie werden großartige Dinge tun.

Die Worte, die Sie verwenden, beeinflussen das Leben, das Sie führen. Wählen Sie sie **weise**.

KAPITEL 51

LERNEN ODER VERGEHEN

Es gibt ein Mittel gegen das Altern, über das niemand spricht. Es heißt Lernen. Meiner Meinung nach kann man nicht alt werden, solange man jeden Tag etwas Neues lernt, seine persönlichen Grenzen erweitert und seine Denkweise verbessert. Älter werden nur Menschen, die ihre Lust am Lernen verlieren und sich von ihrer natürlichen Neugier abkoppeln. »Alle drei oder vier Jahre wähle ich ein neues Thema. Es kann japanische Kunst sein, es kann Wirtschaft sein. Drei Jahre Studium reichen bei Weitem nicht aus, um ein Thema zu beherrschen, aber sie reichen aus, um es zu verstehen. So habe ich mehr als 60 Jahre lang ein Thema nach dem anderen studiert«, erzählte Peter Drucker, der Vater des modernen Managements, der 95 Jahre alt wurde. Ein brillanter Mann.

Vor einigen Jahren hatte ich das Vergnügen, ein paar Stunden mit Shimon Peres, dem ehemaligen israelischen Premierminister und Friedensnobelpreisträger, zu sprechen. Er war damals fast 82 Jahre alt, und ich kam nicht umhin zu bemerken, dass seine Augen tatsächlich funkelten, als er von seiner Liebe zu Büchern, zu großen Ideen und zum Lernen sprach. Ich fragte ihn: »Herr Peres, wann lesen Sie?«

Seine Antwort: »Robin, wann lese ich nicht? Ich lese morgens, wenn ich aufstehe, tagsüber, wenn ich kann, und jeden Abend. Die meisten meiner Wochenenden verbringe ich mit der Lektüre großer Bücher. Bücher sind meine ständigen Begleiter.« Dann fügte er mit einem Lächeln hinzu: »Wenn Sie dreimal am Tag essen, werden Sie satt. Aber wenn Sie dreimal am Tag lesen, werden Sie weise.«

Zu viele Menschen nehmen nach der Schule nie mehr ein Buch in die Hand. Unglaublich. Zu viele Menschen verbringen mehr Zeit vor dem Fernseher, als dass sie sich in die Gedanken der größten Menschen, die je auf diesem Planeten gelebt haben, vertiefen. Zu viele Menschen verschließen ihren Verstand vor neuen Einsichten und kraftvollen Gedanken. Eine Idee, die man in einem Buch entdeckt, kann die Art und Weise verändern, wie man die Welt sieht. Eine Idee, die Sie in einem Buch lesen, kann die Art und Weise verändern, wie Sie mit anderen Menschen kommunizieren. Eine Idee, die Sie in einem Buch finden, kann Ihnen helfen, länger zu leben, glücklicher zu sein oder Ihr Unternehmen zu bemerkenswertem Erfolg zu führen. Verlassen Sie niemals das Haus ohne ein Buch in der Hand.

Es gibt ein **Mittel** gegen das Altern, über das niemand spricht. Es heißt **Lernen**.

KAPITEL 52

EINFACHE TAKTIKEN FÜR GROSSARTIGE BEZIEHUNGEN

Jeder gute Psychologe wird Ihnen sagen, dass eines der tiefsten Bedürfnisse des Menschen das Bedürfnis nach Zugehörigkeit ist. Wir sind am glücklichsten, wenn wir uns mit anderen verbunden fühlen – wenn wir Teil einer Gemeinschaft sind. Top-Performer in der Geschäftswelt legen großen Wert darauf, Beziehungen zu ihren Teamkollegen und Kunden aufzubauen. Den Kontakt zu den Menschen, die sie umgeben, betrachten sie nicht als Zeitverschwendung, sondern als eine höchst sinnvolle Nutzung ihrer Zeit.

Als Spezialist für die Entwicklung von Führungskräften arbeite ich mit unseren Unternehmenskunden daran, eine Firmenkultur aufzubauen, in der Menschen und Beziehungen an erster Stelle stehen. Dies fördert die Kommunikation und die Zusammenarbeit und ermöglicht gute Geschäftsergebnisse. Wenn Menschen sich wertgeschätzt fühlen, strahlen sie. Hier sind zehn wirklich einfache Ideen für den Aufbau menschlicher Beziehungen, die den Mitarbeitern der Unternehmen, die uns mit dem Coaching von Führungskräften beauftragen, geholfen haben, eine ganz neue Ebene der Leistungsfähigkeit zu erreichen:

1. *Seien Sie die positivste Person, die Sie kennen.*
2. *Seien Sie offen und sprechen Sie wahrheitsgemäß.*
3. *Seien Sie pünktlich.*
4. *Sagen Sie »Bitte« und »Danke«.*
5. *Versprechen Sie weniger, als Sie dann liefern.*
6. *Verlassen Sie Menschen besser, als Sie sie vorgefunden haben.*
7. *Seien Sie freundlich und fürsorglich.*
8. *Seien Sie ein Weltklassezuhörer.*
9. *Interessieren Sie sich leidenschaftlich für andere Menschen.*
10. *Lächeln Sie viel.*

Eines der tiefsten Bedürfnisse des **Menschen** ist das Bedürfnis nach **Zugehörigkeit**.

Zum Schluss noch ein Bonuspunkt: Behandeln Sie Menschen mit Respekt, und zwar immer. Ich habe ein sehr mächtiges Gesetz entdeckt, das Ihre Art zu führen und Ihr Leben verändern kann: Um Respekt zu bekommen, muss man Respekt geben. Manchmal erzähle ich die Geschichte eines angesehenen Beraters, der – für viel Geld – engagiert wurde, um seine über Jahre erarbeiteten Erkenntnisse mit dem Managementteam eines großen Unternehmens zu teilen. Der Berater betrat den Sitzungsraum und musterte die

Gruppe intensiv. Dann griff er nach einem Stift und schrieb vier Wörter auf die Tafel hinter sich: »Behandle Menschen mit Respekt.« Er lächelte den Führungskräften zu. Und dann ging er.

KAPITEL 53

ROCKSTARS ALS DICHTER

Ich liebe Musik. Ich finde, Musik macht das Leben einfach besser. Wenn man etwas Musik zu einer gewöhnlichen Erfahrung hinzufügt, wird sie außergewöhnlich. Ich habe gerade meine Kinder zur Schule gefahren, bevor ich dieses Kapitel geschrieben habe. Während der Fahrt habe ich die neue CD der Band Our Lady Peace gespielt. Meine Tochter Bianca schaute zu mir auf und sagte: »Daddy, bei dieser Musik habe ich Lust zu tanzen.« Ihre Augen funkelten, als sie das sagte. Fantastisch.

Gestern Abend hatte ich ein nachdenkliches Gespräch mit einem sehr interessanten Freund. Er verdient sein Geld an den Finanzmärkten. Aber er frönt auch seiner Leidenschaft und legt als Discjockey Musik auf. Eine tolle Kombination. Er liebt Musik. Das macht auch sein Leben besser. Wir sprachen über Morcheeba und Thievery Corporation, über U2 und die Dave Matthews Band. Das hat mich zum Nachdenken gebracht. Musik kann uns verbinden und uns eine gemeinsame Sprache geben, egal, ob wir in New York oder Bogotá, Tel Aviv, San Juan, Bangalore oder Peking leben. Musik hat das Potenzial, unser Leben zu verbessern, unsere Gesellschaft zu bereichern und die Welt zu erheben.

Ich bin überzeugt: Musiker sind Künstler, nicht anders als Maler oder Dichter. Sie dokumentieren unsere Kultur, regen uns zum Nachdenken an, provozieren uns (manchmal) und bringen uns auf neue Ideen. Und die guten unter ihnen sind Philosophen. Ganz im Ernst. Die besten teilen in ihren Liedern weise Einsichten mit, die uns inspirieren, die Welt durch eine neue Brille zu sehen und aus der Gewöhnlichkeit herauszutreten und uns hineinzubegeben in das Reich des Besonderen – wenn auch nur für drei Minuten.

Bono von U2 erklärte in einem Interview, dass er sich als reisender Verkäufer sehe. Er reist durch die Welt, um eine Botschaft zu verkaufen, seine Werte zu verkünden und das leise Flüstern seines Herzens auf einer Bühne vor Zehntausenden Menschen zu verbreiten. Bono ist ein Poet. Lesen Sie einfach mal etwas von ihm. Es ist tiefgründig. Auch Alanis Morissette kommt mir in den Sinn, wenn ich an Texte mit philosophischem Gewicht denke. Ebenso Dave Matthews. Selbst Eminems Worte, wenn sie nicht profan sind, haben Kraft. Hören Sie sich seine Songs mal an. Der Mann versteht das Leben.

Musiker sind Künstler, nicht anders als Maler oder Dichter. Sie dokumentieren unsere Kultur, regen uns zum Nachdenken an, **provozieren** uns (manchmal) und bringen uns auf neue Ideen. Und die guten unter ihnen sind **Philosophen**.

Ich möchte Sie also fragen: Füllen Sie Ihr Leben mit Musik? Welche Lieder bringen Sie zum Nachdenken, Lachen oder Weinen? Welche Musik lässt Ihr Herz höher schlagen und erinnert Sie daran, wie wunderbar gesegnet Sie sind, heute auf diesem Planeten zu leben? Welche Lieder inspirieren Sie dazu, höher zu streben, größer zu träumen und die Großartigkeit zu erreichen, für die Sie bestimmt sind? Und lassen Sie mich Ihnen noch eine letzte Frage stellen: Welche Musik bringt Sie dazu, einfach aufzustehen und zu tanzen?

KAPITEL 54

DAS MANTRA DES ERNEUERERS

Wahre Innovatoren haben ein Mantra: »Der Feind des Besten ist das Gute.« Sie wagen es ständig, die Dinge zu verbessern. Was andere für unmöglich halten, betrachten sie als wahrscheinlich. Sie leben aus ihrer Vorstellungskraft heraus – nicht aus ihrer Erinnerung. Sie leben dafür, das allgemein Akzeptierte infrage zu stellen. Sie akzeptieren nichts. Sie sehen keine Grenzen. Für sie ist alles möglich.

Wenn Sie eine Führungspersönlichkeit werden wollen, habe ich einen einfachen Vorschlag: Bleiben Sie innovativ. Bemühen Sie sich um Neuerungen bei der Arbeit. Nehmen Sie zu Hause Neuerungen vor. Bringen Sie Neuerungen in Ihre Beziehungen ein. Seien Sie innovativ in der Art und Weise, wie Sie Ihr Leben führen. Seien Sie innovativ in Bezug auf die Art und Weise, wie Sie die Welt sehen. Stagnation bedeutet, dass wir anfangen zu sterben. Wachstum, Evolution und Neuerfindung erhalten das Leben. Natürlich kann das auch manchmal beängstigend sein. Aber würden Sie nicht lieber Ihre Angst spüren, als Ihr Licht unter den Scheffel zu stellen?

Es gibt keine Sicherheit darin, heute noch immer derselbe Mensch zu sein, der man gestern war. Das ist nur eine Illusion, die einem schließlich das Herz bricht, wenn man am Ende seines Lebens feststellen muss, dass man versäumt hat, es mutig zu leben. Dauerhafte Erfüllung lebt im Ungewissen. Als ich ein Kind war, sagte mein Vater immer zu mir: »Robin, es ist riskant, sich ins Ungewisse zu begeben. Aber, mein Sohn, dort sind all die Früchte.« Und um auf dem dünnen Ast zu spielen, muss man innovativ sein. Täglich. Unermüdlich.

Natürlich werden Sie umso häufiger scheitern, je innovativer Sie sind und sich weigern, sich von den Ketten der Selbstgefälligkeit fesseln zu lassen. Das habe ich bereits in einem früheren Kapitel erwähnt. Nicht jedes Risiko, das Sie eingehen, und nicht alles, was Sie versuchen, wird wie geplant funktionieren. So ist das im Leben nun einmal. Scheitern ist ein wesentlicher Bestandteil des Erfolgs. Und je mehr Sie sich anstrengen, desto weiter werden Sie kommen. Scheitern ist sowieso ein Geschenk. Scheitern hat mir sehr geholfen. Es hat mich meinen Träumen nähergebracht, mich mit mehr Wissen ausgestattet und mich abgehärtet, sodass ich besser vorbereitet bin. Erfolg und Misserfolg gehen Hand in Hand. Sie sind Geschäftspartner.

Es gibt keine Sicherheit darin, heute noch immer **derselbe** Mensch zu sein, der man gestern war. Das ist nur eine **Illusion**, die einem schließlich das Herz **bricht**.

In der Firmenkultur des Pharmariesen GlaxoSmithKline wird die Tugend »Stören« sehr geschätzt. Das gefällt mir. Es erinnert mich an die Worte von Ed Zander, dem ehemaligen Vorstandschef von Motorola: »Auf dem Höhepunkt des Erfolges sollte man sein Geschäft ›kaputt machen‹. Unternehmen, die nicht innovativ sind, überleben nicht, also liegt der Schlüssel darin, die Innovation voranzutreiben. Diese Lektion ist besonders wichtig, wenn die Dinge gut laufen. Auch wenn es kontraintuitiv ist, müssen erfolgreiche Unternehmen tatsächlich innovativer sein als die Konkurrenz. Es ist wie bei Kindern, die mit Murmeln spielen – jedes will das Kind an der Spitze sein. Führungspersönlichkeiten, die nicht innovativ sind, werden von denjenigen abgehängt, die bereit sind, Risiken einzugehen.« Gehen Sie also jeden Tag zur Arbeit und weigern Sie sich, das Gleiche wie gestern zu tun – nur weil Sie es gestern auch getan haben. Fordern Sie sich selbst immer wieder heraus, besser zu denken, besser zu handeln und besser zu sein. Schütteln Sie die Gedanken auf. Gehen Sie an Ihre Grenzen. Weigern Sie sich, Durchschnitt zu sein. Stehen Sie zu dem, was das Beste ist. Streben Sie danach, in allem, was Sie tun, atemberaubend gut zu sein. Und das ist es, was Sie schließlich auch erreichen werden. Sogar schneller, als Sie vielleicht meinen.

KAPITEL 55

VERGNÜGEN ODER GLÜCKLICHSEIN

Vergnügen ist etwas Großartiges – aber es ist nicht von Dauer. Vergnügen erfährt man über die fünf Sinne. Über ein feines Essen, ein gutes Glas Wein oder ein neues Auto. An diesen Dingen ist nichts auszusetzen – sie machen das Leben schöner. Aber sie sind flüchtig.

Vergnügen kommt aus etwas Äußerem. Glück kommt aus dem **Inneren**.

Glück, nun ja, das ist eine andere Geschichte. Glück ist gewissermaßen die DNA des Vergnügens. Ich will auf Folgendes hinaus: Vergnügen kommt aus etwas Äußerem. Glück kommt aus dem Inneren. Es ist ein Zustand, den man freiwillig herstellt. Es ist eine Entscheidung. Es ist ein Akt des Willens.

Menschen können glücklich sein, auch wenn sie große Schmerzen und Widrigkeiten durchleben. In ihrem äußeren Leben ist keine Freude erkennbar, und doch sind sie innerlich zufrieden. Umgekehrt gibt es viele Menschen, die von Vergnügen umgeben sind (schnelle Autos, schöne Häuser, tolle Kleidung), aber innerlich keine Freude empfinden. Entscheiden Sie sich also dafür, glücklich zu sein. Sie können das Leben im Äußeren nicht kontrollieren. Unangenehme Dinge können passieren. Aber Sie können kontrollieren, was im Inneren vor sich geht. Und jene Menschen, die das tun, werden großartig werden.

KAPITEL 56

DAS 600-DOLLAR-SANDWICH

In meinem Leben gibt es nicht einen einzigen langweiligen Moment. Ich komme gerade vom Mittagessen zurück. Ich wollte mir ein Sandwich von meinem Stammlokal holen. Aber jetzt kommt's: Als ich meine Quittung überprüfte, nachdem ich meine Kreditkarte durchgezogen hatte, standen auf der Rechnung 577,89 Dollar. Sie verkaufen dort wirklich tolle Sandwiches, aber das war mir doch ein bisschen zu teuer.

Anhand dieser kleinen Anekdote möchte ich Ihnen ein paar Lektionen in Sachen Führung mit auf den Weg geben:

> **Gewissenhaft auf Details achten.** *Großartige Unternehmen sind in hohem Maße detailorientiert. Mir gefällt, was Stephen Jay Gould einmal gesagt hat: »Details sind alles, was zählt; in ihnen wohnt Gott, und man wird ihn nie zu Gesicht bekommen, wenn man sich nicht darum bemüht, sie richtig zu machen.« In unserer Firma sprechen wir von »obsessiver Aufmerksamkeit für Details«. Die besten Unternehmen, mit denen ich*

zusammengearbeitet habe, kümmern sich auch um die kleinen Dinge. Sie wissen, dass die Kunden jedes kleine Detail bemerken. Die Frau im Lokal war nicht in der Lage, sich auf den Moment zu konzentrieren. Sie hätte 5,77 Dollar eintippen sollen. Großer Fehler. Und ihr Chef stand direkt neben ihr. Ups. Ich war gnädig und half ihr, ihr Gesicht zu wahren. Viele hätten das nicht getan.

Persönliche Verantwortung übernehmen *(und zwar umgehend). Als ich die Rechnung überprüfte und den (unverschämten) Fehler entdeckte, erwähnte ich ihn gegenüber der Frau höflich. Ihre Antwort war klassisch: »Haben Sie nicht nachgesehen, bevor Sie den Betrag genehmigt haben?« Keiner will mehr die Verantwortung für etwas übernehmen. Wir geben anderen die Schuld. Nach ein paar Minuten aber hatte sie sich besonnen und entschuldigte sich ausgiebig. Ich weiß, dass sie einfach Angst bekam, als sie sah, was sie angerichtet hatte. Und wenn wir Angst haben, geben die meisten von uns anderen die Schuld, um den Schmerz zu vermeiden, den Fehler einzugestehen, den wir gemacht haben.*

Aufmerksam sein. *Gut, dass ich meine Rechnung geprüft habe. Manchmal tue ich das nicht, weil ich mit meinen Gedanken in den Wolken schwebe und davon träume, wie ich die Welt verändern kann. Aber*

Führungspersönlichkeiten von Weltklasse sind aufmerksam und achtsam. Sie leben im Augenblick.

Die besten Unternehmen, mit denen ich zusammengearbeitet habe, kümmern sich auch um die kleinen Dinge.

Ich werde wieder in dieses Lokal gehen. Der Besitzer hat mir das Sandwich umsonst überlassen, und sie alle hatten ein schlechtes Gewissen. Aber ihre Glaubwürdigkeit wurde ernsthaft untergraben und sie müssen mein Vertrauen zurückgewinnen. Ich hoffe, dass sie das schaffen, denn sie machen wirklich gute Sandwiches.

KAPITEL 57

EIN GUTES UNTERNEHMEN ZU SEIN, IST GUT FÜRS GESCHÄFT

Hier ist eine einfache Idee, die eine fantastische Auswirkung auf Ihr Unternehmen (und Ihre Karriere) haben wird, wenn Sie sie beherzigen: Die Menschen wollen für ein gutes Unternehmen arbeiten – ein Unternehmen, das nicht nur gut geführt wird, sondern auch seinen Teil dazu beiträgt, eine bessere Welt zu schaffen. Ein gutes Unternehmen zu sein, ist gut fürs Geschäft. Das ist kein kitschiger Slogan, den ich mir ausgedacht habe, sondern das ist das, was ich beobachten konnte, als ich mit echten Menschen in echten Unternehmen auf der ganzen Welt gearbeitet habe. Die besten Unternehmen haben ein edles Ziel und die klare Absicht, ihre Mitarbeiter und Kunden gut zu behandeln. Großartige Unternehmen haben auch verstanden, dass es nicht nur wichtig ist, stattliche Gewinne zu erzielen, sondern auch soziale Verantwortung zu übernehmen. Viele unserer Kunden haben Projekte ins Leben gerufen, um Benachteiligten zu helfen oder um die

Gesellschaft zu verbessern. Ich bewundere sie mehr, als sie je wissen werden.

Stolz ist etwas, über das in Wirtschaftskreisen nicht viel gesprochen wird. Das ist schade. Ich habe festgestellt, dass die Menschen jeden Tag mit Stolz im Herzen zur Arbeit gehen wollen. Sie wollen ein gutes Gefühl bei dem Unternehmen haben, für das sie arbeiten. Sie wollen das Gefühl haben, dass ihr Unternehmen – und die Arbeit, die sie tun – das Leben anderer Menschen verbessert und etwas bewirkt. Der Wirtschaftsphilosoph Peter Koestenbaum hat dies in seinem ausgezeichneten Buch *Leadership: The Inner Side of Greatness* sehr schön ausgedrückt: »Unternehmerische Tätigkeit ist vor allem ein Mittel, um persönliche und organisatorische Größe zu erlangen. Sie ist dazu da, etwas Wertvolles und Edles zu erreichen. Sie ist eine Institution, die es Ihnen ermöglichen kann, einen bedeutenden Beitrag zur Gesellschaft zu leisten.«

Menschen wollen für ein **gutes Unternehmen** arbeiten – ein Unternehmen, das nicht nur gut geführt wird, sondern auch seinen Teil dazu beiträgt, eine **bessere Welt** zu schaffen.

Wie ich in diesem Buch schon angedeutet habe, können wir alle auch ohne Titel eine Führungspersönlichkeit sein. Wir alle haben einen Einfluss. Wir alle können Gutes bewirken, bei der Arbeit – und in unseren Gemeinden. Seien Sie zum Beispiel ehrenamtlich tätig. Spenden Sie Geld an Wohltätigkeitsorganisationen. Fangen Sie an, den Zehnten (das Wort bedeutet eigentlich ein Zehntel oder zehn Prozent) Ihres Einkommens für gute Zwecke zu spenden. Und engagieren Sie sich als Unternehmen in Projekten, die bedürftigen Gemeinschaften helfen (etwa durch Gründung einer Stiftung oder durch Unterstützung wichtiger Initiativen). Entschließen Sie sich, einen größeren Beitrag zu leisten. Stehen Sie nicht nur für bemerkenswerte Rentabilität, sondern auch für soziale Verantwortung. Sie werden nicht nur Ihre Toptalente behalten und noch mehr von ihnen anziehen, sondern auch Ihre Kunden werden Sie respektieren. Ein gutes Unternehmen zu sein, ist wirklich gut fürs Geschäft. Und mit dem Geben beginnt der Prozess des Empfangens.

KAPITEL 58

ERFOLGSSTRUKTUREN AUFBAUEN

Gestern hielt ich auf dem Weg zur Arbeit neben einer dieser großen neuen Mercedes-Limousinen an. Der Mann, der den Wagen fuhr, hatte die Fenster etwas heruntergekurbelt, sodass ich den Song aus seiner Stereoanlage hörte: »We Are the Champions« von Queen. Das erinnerte mich an einen Vorstandschef, der an einem der Führungsgipfel teilnahm, die wir ein paarmal im Jahr veranstalten. Er leitet ein großes Unternehmen. Er wollte seine Organisation und sein Leben verbessern. Er erzählte mir, dass er vor seinen wichtigen Verkaufsgesprächen »Back in Black« von AC/DC in voller Lautstärke hört. Interessant.

Welche Praktiken bringen Sie zu Ihrer Bestform? Welche Rituale versetzen Sie in Ihren besten Handlungsmodus? Welche Taktiken inspirieren Sie dazu, wirklich loszulegen und Ihr helles Licht leuchten zu lassen? Wir alle brauchen das, was ich als Erfolgsstrukturen bezeichne, die wir in unsere Wochen einplanen, um sicherzustellen, dass wir in Bestform bleiben. Wir alle brauchen Systeme, die in unsere Tage eingebaut werden, um konsistente Ergebnisse, Ordnung und hervorragende Resultate zu gewährleisten. Die besten Unternehmen verfügen über Systeme, die eine Qualitätskontrolle sicherstellen – das sollten auch Sie tun. Wenn Sie sich ernsthaft um den Aufbau von Systemen bemühen, können Sie zeigen, dass Sie es mit dem Erfolg ernst meinen. Zu den Dingen, die mir besonders weiterhelfen, gehören, wie ich bereits erwähnt habe, viel Bewegung, energiegeladene Musik, das Lesen guter Bücher, wöchentliche Treffen – und seien es nur 15 Minuten am Telefon – mit inspirierenden Freunden und das Schreiben in meinem Tagebuch. Diese Aktivitäten werden in meinen Wochenplan eingebaut, ebenso wie meine wichtigsten Treffen (und die Zeit mit meinen Kindern).

Wir alle brauchen **Systeme**, die in unsere Tage eingebaut werden, um konsistente Ergebnisse, Ordnung und **hervorragende** Resultate zu gewährleisten.

Erfolg stellt sich nicht einfach ein. Er ist ein Projekt, an dem man jeden Tag arbeitet. Man muss darauf hinarbeiten. Man muss ihn herbeiführen (und ihn auch zulassen, wenn man sein Bestes gegeben hat). Wie Václav Havel einmal treffend bemerkte: »Visionen reichen nicht aus, sie müssen mit Wagnis verbunden sein. Es reicht nicht aus, auf die Stufe zu starren; wir müssen die Treppe hinaufsteigen.« Was werden Sie also heute tun, um sich selbst auf die Sprünge zu helfen? Schieben Sie Ihre Großartigkeit nicht auf. Ihre Zeit ist jetzt gekommen. Wenn nicht jetzt, wann dann?

KAPITEL 59

WER AM MEISTEN ERLEBT, DER GEWINNT

Die große Idee: Warum warten, bis man alt ist, um erfahren zu werden? Ich will die Erfahrung eines alten Mannes haben, solange ich noch jung bin. Und ich glaube, ich habe einen Weg gefunden, wie ich sie bekommen kann: durch das Straffen der Zeitachse. Die meisten Menschen gehen eher nicht so viele Risiken ein, führen nicht so viele neue Gespräche, lesen nicht so viele neue Bücher oder unternehmen nicht so viele neue Reisen. Wenn ich diese und andere erfahrungs- und erkenntnisfördernde Aktivitäten in einem dramatisch beschleunigten Tempo durchführe, könnte ich mir in einem Viertel der Zeit die Erkenntnisse von zehn Jahren Lernen und Erfahrung verschaffen. Ich muss nur die Zeitspanne verkürzen, indem ich die wichtigeren Dinge schneller und früher erledige. Ich muss nur konzentriert und engagiert bleiben. Einfach mehr Leben in jeden meiner Tage stecken.

Wir alle haben das gleiche Zeitkontingent zur Verfügung. Für jeden von uns hat der Tag 24 Stunden. Die traurige Tatsache ist, dass zu viele Menschen zu viel Zeit mit unwichtigen

Dingen verbringen. Sie leben ein reaktives Leben. Sie sagen »Ja« zu Aktivitäten, zu denen sie besser »Nein« sagen sollten. Sie lassen sich treiben wie ein Stück Holz in einem Fluss, in die Richtung, in die die Strömung an diesem Tag fließt. Alles nur, weil sie sich nicht die Zeit nehmen, nachzudenken. Über ihre Prioritäten. Über ihre Träume und Ziele. Und darüber, was sie eigentlich aus ihrem Leben machen wollen. Viele Menschen verlieren auf diese Weise 20 gute Jahre. Ganz im Ernst.

Indem Sie sich darüber klar werden, was Sie vom Leben wollen, schärfen Sie Ihr Bewusstsein für das, was am wichtigsten ist. Mit einem besseren Bewusstsein kann man bessere Entscheidungen treffen. Und mit besseren Entscheidungen werden Sie auch bessere Ergebnisse erzielen. Klarheit führt zum Erfolg.

Warten Sie also nicht bis zum Ende Ihres Lebens, um Erfahrungen zu sammeln. Straffen Sie den Zeitplan. Machen Sie sich klar, was Sie erleben müssen, um ein erfülltes Leben zu haben – und dann fangen Sie jetzt damit an. Treffen Sie coole Leute. Besuchen Sie tolle Orte. Lesen Sie tiefgründige Bücher. Nutzen Sie Gelegenheiten. Scheitern Sie häufig – das zeigt, dass Sie mehr erreichen und mehr Risiken eingehen. Es ist egal, ob Sie gewinnen oder verlieren, solange Sie eine weitere Erfahrung machen, die Sie Ihrem Inventar hinzufügen können. Selbst die traurigsten Zeiten machen Ihr Leben reicher. Benjamin Zander, der Dirigent der Bostoner Philharmoniker, hat in seinem wunderbaren Buch *The Art of Possibility* den folgenden Satz seines Lehrers, des großen Cellisten Gaspar Cassadó, zitiert: »Es tut mir so leid für euch; euer Leben war so einfach. Man kann keine große Musik hervorbringen, wenn einem nicht das Herz gebrochen wurde.«

Ich will die **Erfahrung** eines alten Mannes haben, solange ich noch jung bin. Und ich glaube, ich habe einen Weg gefunden, wie ich sie bekommen kann: durch das **Straffen** der Zeitachse.

Je mehr Erfahrungen man macht, desto besser das Leben. Derjenige, der am meisten erlebt, gewinnt.

KAPITEL 60

EINE MARKE WIE DIDDY AUFBAUEN

Heute Morgen habe ich kurz nach dem Aufwachen eine kleine Entspannungsübung gemacht. Ich hörte etwas Coltrane, eine Dosis Sade und ließ dann Musik von Diddy laufen (dem Künstler, der früher als Puff Daddy und dann als P. Diddy bekannt war; mein Name kommt mir jetzt so langweilig vor). Ich brauchte etwas, um meinen Tag in Schwung zu bringen (und die Kinder zu wecken). Der Gedanke an Diddy und das Geschäftsimperium, das er aufgebaut hat, brachte mich zum Nachdenken. Über Marken.

Um in Ihrem Markt zu gewinnen, muss Ihr Unternehmen eine hochgeschätzte und hervorragend respektierte Marke entwickeln. (Ich habe Kevin Roberts, den Vorstandschef von Saatchi & Saatchi, bereits in einem früheren Kapitel erwähnt; er verwendet nicht mehr den Begriff »Marke«, sondern bevorzugt die Bezeichnung »Lovemark«. Schön.) Und damit Sie zu beruflicher Größe gelangen, schlage ich vor, dass Sie an Ihrer persönlichen Marke arbeiten, sie polieren und schützen: Ihren guten Namen. (Es kann 30 Jahre dauern, bis Sie sich einen guten Ruf erworben haben – und 30 Sekunden, um ihn durch eine einzige Unachtsamkeit zu verlieren).

Heutzutage sind alle mit dem Aufbau von Marken beschäftigt. Anwaltskanzleien. Buchhaltungsunternehmen. Einzelhandelsfirmen. Paris Hilton meinte kürzlich: »Ich bin eine Marke.«

Das wirft folgende Frage auf: »Wie können wir unsere Marke von dort, wo sie jetzt ist, dorthin bringen, wo wir sie haben wollen?« Meine Antwort ist einfach: nach dem Modell Diddy.

Natürlich können Sie all die Bücher über Markenentwicklung lesen, die es gibt (viele hervorragende wie *Purple Cow* von Seth Godin und *The 22 Immutable Laws of Branding* von Al Ries und seiner Tochter Laura Ries). Und natürlich können Sie investieren, um Ihre Markenmanager auf Weltklasseniveau zu bringen (jedes Unternehmen sollte Markenmanager haben). Aber ich möchte Ihnen mit einem einfachen Vorschlag etwas Geld sparen: Studieren Sie Hip-Hop-Künstler wie Diddy, 50 Cent und Jay-Z (den *Fortune* als »America's Hippest CEO« bezeichnet hat). Sie werden alles lernen, was Sie darüber wissen müssen, wie man eine Marke perfektioniert. Diese Typen sind erstaunlich. Sie erfinden sich ständig neu. Sie sind unerbittlich innovativ, sie wollen sich endlos verbessern. Sie haben einen Hit, der ihren Namen – ihre Marke, pardon – ins öffentliche Bewusstsein bringt, und erweitern dann ihre Produktpalette um Kleidung, Bücher, Filme, Parfüms und so weiter. Studieren Sie die Art und Weise, wie sie eine Gemeinschaft aufbauen, Loyalität festigen und das, wofür sie stehen, in die Gehirnzellen der Menschen einschleusen.

Zum Schluss noch ein **unvergessliches** Zitat von Jay-Z: »Ich bin kein Geschäftsmann. Ich bin ein Geschäft, Mann.«

KAPITEL 61

DANKBAR SEIN FÜR DAS, WAS MAN HAT

»Ich verfluchte die Tatsache, dass ich keine Schuhe hatte, bis ich einen Mann traf, der keine Füße hatte.« Das stammt aus einem persischen Sprichwort. Dieser Satz jagt mir einen leichten Schauer über den Rücken. Wer immer das geschrieben hat, hat es wirklich verstanden. Es ist leicht, in die überaus menschliche Falle zu tappen, sich auf das zu konzentrieren, was man nicht hat, anstatt dankbar für das zu sein, was man hat. Ich wette, Sie sind mit mehr Segnungen versehen in Ihrem Leben, als Ihnen bewusst ist.

Eine Milliarde Kinder sind gestern Abend hungrig zu Bett gegangen. Gestern haben Menschen auf der ganzen Welt Angehörige verloren, die sie sehr geliebt haben. Es gibt Menschen in Ihrer eigenen Gemeinde, die an Krebs und Aids sterben. Ich habe gerade von einem kleinen Mädchen gelesen, das ohne Gesicht geboren wurde. Nur zwei Augen und ein Mund. Und wir machen uns Sorgen über den dichten Verkehr auf dem Weg zur Arbeit.

Ich habe gerade von einem **kleinen Mädchen** gelesen, das ohne Gesicht geboren wurde. Nur zwei Augen und ein Mund. Und wir machen uns Sorgen über den dichten **Verkehr** auf dem Weg zur Arbeit.

Hier ist ein Wort, über das man nachdenken sollte: Perspektive. Wenn Sie öfter in fremde Länder reisen, bekommen Sie einen besseren Blick auf unsere Welt. Sprechen Sie mit Menschen, mit denen Sie noch nie gesprochen haben, und Sie werden eine neue Perspektive auf das Leben bekommen. Feiern Sie die Segnungen in Ihrem Leben, und Sie werden sich wieder bewusst werden, wie glücklich Sie sich schätzen können. Es liegt in der menschlichen Natur, die Dinge, die wir haben, erst dann zu schätzen, wenn wir sie verloren haben. Bekämpfen Sie diesen Drang.

KAPITEL 62

SEIEN SIE KLUG, STEHEN SIE FRÜH AUF

Gestern hielt ich die Hauptrede auf einer Konferenz für das Führungsteam der Telefonbanking-Abteilung von Canadian Imperial Bank of Commerce (CIBC). Eine großartige Firma. CIBC ist eine der führenden Banken Kanadas, und das Publikum war voller Energie, Leidenschaft und Intelligenz. Ich präsentierte meine Ideen über den Aufbau einer Hochleistungskultur, die Entwicklung tieferer Beziehungen und die Macht des Führens ohne Titel. Dann gab ich einige Einblicke in die Erlangung persönlicher Führungsstärke – was für mich damit beginnt, dass man früh aufstehen muss, wenn man als Mensch Weltklasse sein will. Im Raum wurde es still. Ich dachte schon, ich hätte die Leute verloren.

Ich liebe den persönlichen Kontakt mit den Zuhörern und blieb nach meinem Vortrag noch eine Weile, um Fragen zu beantworten. Erstaunlich, wie viele Leute mich fragten, was sie tun müssten, um sich das frühe Aufstehen zur Gewohnheit zu machen. »Ich möchte viel mehr vom Leben haben«, sagte ein Manager. »Mir gefiel Ihr Hinweis, sich jeden Morgen eine ›heilige Stunde‹ zu nehmen – 60 Minuten, um meinen Geist zu nähren, meinen Körper zu pflegen und meinen Charakter zu entwickeln«, erklärte ein anderer. »Das Leben geht so schnell vorbei«, bemerkte ein weiterer, »ich muss wirklich anfangen, früher aufzustehen, um mehr aus meinen Tagen herauszuholen.«

Man vergisst so leicht, dass unser äußeres Leben unser inneres Leben widerspiegelt und dass unsere Tage, wenn wir jeden Tag früher aufstehen, um etwas für unser Inneres zu tun, dramatisch besser werden. Wie können Sie eine positive Energiequelle für Ihre Mitmenschen sein, wenn Sie selbst keine Energie haben? Wie können Sie das Beste in anderen fördern, wenn Sie nicht mit dem Besten in sich selbst verbunden sind? Und wie können Sie einen anderen Menschen anfeuern, wenn Sie den Champion in sich selbst nicht sehen? Es ist keine Zeitverschwendung, früh aufzustehen, um Ihre innere Arbeit zu tun, Ihr Denken zu erweitern, Ihre Lebensphilosophie zu schärfen oder Ihre Ziele zu überprüfen. Diese »heilige Stunde« erfüllt jede verbleibende Minute Ihres Tages mit einer Perspektive, die jeden Bereich Ihres Lebens aufwertet. Sie wird Sie verwandeln. Sie wird Sie als Führungskraft besser machen. Als Elternteil. Als menschliches Wesen. Hier sind sechs praktische Taktiken, die Ihnen helfen können, früh aufzustehen (idealerweise um 5 Uhr):

Essen Sie nicht mehr nach 19 Uhr. *Sie werden nicht nur tiefer, sondern auch besser schlafen. Die Qualität, nicht die Quantität des Schlafs ist das Wichtigste.*

Bleiben Sie nicht im Bett liegen, *nachdem Ihr Wecker geklingelt hat. Springen Sie aus dem Bett und beginnen Sie Ihren Tag. Je länger Sie nach dem Weckerklingeln noch im Bett liegen, desto größer ist die Wahrscheinlichkeit, dass Ihr Gehirn Ihnen etwas sagt wie: »Bleib doch im Bett. Schlaf noch ein bisschen. Das Bett ist warm. Du hast es dir verdient.«*

Erarbeiten Sie sich eine erstklassige physische Kondition. *Das ist eine sehr wichtige Idee. Ich habe die Erfahrung gemacht, dass, wenn ich körperlich gut in Form bin – ich trainiere fünf- bis sechsmal pro Woche und ernähre mich sehr gesund –, es mir leichtfällt, um 5 oder sogar schon um 4 Uhr morgens aus dem Bett zu springen.*

Setzen Sie sich ehrgeizige Ziele. *Jim Collins prägte in seinem Buch* Built to Last *den Begriff »BHAGs«, was so viel bedeutet wie »Big Hairy Audacious Goals« (hohe, kühne Ziele). Ziele bringen Leben und Energie in Ihren Tag. Die meisten Menschen stehen nicht früh auf, weil sie keinen Grund dazu haben. Das Geheimnis der Leidenschaft (und des frühen Aufstehens) ist der Zweck. Ziele inspirieren Sie und geben Ihnen einen Grund, jeden Morgen aufzustehen. Nehmen Sie Ihr Tagebuch zur Hand und formulieren Sie Zehn-, Fünf-, Drei- und Einjahresziele für die wichtigsten Dimensionen Ihres Lebens, um Ihren Geist zu fokussieren und herausragende*

Ergebnisse zu erzielen. Es wird ein Feuer in Ihrem Bauch entfachen und Sie mit Leidenschaft erfüllen.

Stellen Sie Ihren Wecker 30 Minuten vor. *Ich habe diesen Punkt kürzlich bei einem »Awakening Best Self Weekend« angesprochen, einem Workshop, zu dem Menschen aus der ganzen Welt kommen, um zu lernen, wie sie ihre Ängste überwinden und ihr bestes Selbst verwirklichen können. Ich habe gerade eine E-Mail von einer Teilnehmerin aus Spanien erhalten. Dieser kleine Trick hat ihr Leben völlig verändert. Sie denkt, dass sie um 6 Uhr aufsteht. Wenn sie aber dann das Bett verlässt, stellt sie fest, dass es erst 5.30 Uhr ist. Sie nutzt diese gewonnene Zeit, um zu meditieren, zu lesen oder zu trainieren. Sie kümmert sich jetzt um die Pflege ihres Innenlebens, und die Ergebnisse sind hervorragend. Ihr Geschäft läuft besser als je zuvor. Ihr Familienleben ist so harmonisch wie seit Jahren nicht mehr. Und sie fühlt sich unglaublich glücklich. Ich weiß, diese Taktik erscheint albern, aber sie funktioniert.*

Treten Sie also dem 5-Uhr-Club bei. **Gewinnen** Sie die Schlacht um das Bett. Ziehen Sie das Denken der Matratze vor. Stehen Sie **früh** auf.

Geben Sie sich 30 Tage Zeit. *Einer meiner liebsten Kunden ist die NASA. Sie führt unser Programm »Grow The Leader« durch, um die Führungsfähigkeiten ihrer Mit-*

arbeiter zu entwickeln. Ich liebe diese Organisation, weil sie wirklich für Weltklasse steht. Von der NASA habe ich unter anderem gelernt, dass die Raumfähre in den ersten Minuten nach dem Start mehr Treibstoff verbraucht als während ihrer gesamten Reise um den Globus. Und warum? Weil sie zunächst die enorme Anziehungskraft der Erde überwinden muss. Aber dann wird es leichter zu fliegen. Das ist ein wichtiger Gedanke, den man im Kopf behalten sollte. Persönliche Veränderung ist ein Prozess, der am Anfang am schwierigsten sein kann. Er vollzieht sich nicht an einem Tag oder in einer Woche. Es braucht Zeit, um die Anziehungskraft der alten Gewohnheiten zu überwinden. Aber in vier Wochen könnte Ihr Leben schon so viel besser sein, wenn Sie sich dafür entscheiden. Geben Sie sich immer 30 Tage Zeit, um eine neue Gewohnheit zu etablieren.

Treten Sie also dem 5-Uhr-Club bei. Gewinnen Sie die Schlacht um das Bett. Ziehen Sie das Denken der Matratze vor. Stehen Sie früh auf. Und denken Sie daran, was Benjamin Franklin einmal gesagt hat: »Wenn du tot bist, wirst du noch viel Zeit zum Schlafen haben.« Ein kluger Mann.

KAPITEL 63

WER HAT ERFOLG ZU EINEM SCHIMPFWORT GEMACHT?

Zu viele Menschen glauben, dass es etwas Falsches sei, wirklich erfolgreich sein zu wollen. Zu viele Menschen setzen produktive Leistung herab. Zu viele Menschen machen sich über Draufgänger lustig, die sich Ziele setzen und sich dann der Verwirklichung dieser Ziele widmen. Ich höre heutzutage oft, dass man, wenn man nach Erfolg strebt, nicht so sehr darauf bedacht sein solle, etwas zu bewirken und bedeutend zu sein. Es scheint fast, als wäre es unvereinbar, ein Draufgänger und gleichzeitig mitfühlend, sozial engagiert und ein guter Mensch zu sein. Das ist Unsinn.

Die Frage, was wichtiger sei, Erfolg oder Bedeutung, sehe ich folgendermaßen: Ein außergewöhnliches Leben beinhaltet beides. Die Essenz des Lebens ist Ausgewogenheit. Ohne Erfolg kann es sein, dass man sich innerlich ein wenig hohl fühlt. Was uns zu Menschen macht, ist nicht zuletzt das Streben, unsere größten Gaben zu verwirklichen und das Leben in seiner Fülle auszuleben. Wir wurden geschaffen, um großartig zu sein. Und außerordentliche Leistungen sind einfach ein Spiegelbild der Kreativität, die in die Praxis umgesetzt wird. Je mehr lohnenswerte Dinge Sie tun, desto mehr von Ihrer natürlichen Kreativität setzen Sie frei. Erfolg ist ein kreativer Akt. Er ist auch einer der besten Wege zur Erfüllung, wenn er mit einem gesunden Respekt für eine Work-Life-Balance kombiniert wird. Ich habe festgestellt, dass kaum etwas befriedigender ist als das Gefühl, das sich bei mir einstellt, wenn ich etwas Sinnvolles zu Ende bringe. Wichtige Dinge zu tun, erzeugt und fördert Glücksgefühle. Erfolg weckt Freude. Und doch glaube ich, dass wir ohne persönliche Bedeutung das Gefühl bekommen werden, dass wir umsonst auf dem Planeten umhergewandelt sind. Erfolg allein, ohne das Gefühl, einen sinnvollen Beitrag geleistet zu haben, lässt das Herz leer werden.

> Während Sie dem Erfolg hinterherjagen, möchte ich Sie **dringend** bitten, sich auch weiterhin dem Ziel zu widmen, das Leben der Menschen zu **verbessern**, mit denen Sie in Kontakt kommen, und Ihre Welt besser zu hinterlassen, als Sie sie vorgefunden haben.

Es ist nichts Falsches daran, Spitzenleistungen zu erbringen und die erforderlichen Schritte zu unternehmen, um in dieser Welt bemerkenswerte Erfolge zu erzielen. Erfolg bringt eigentlich ein gesundes Selbstwertgefühl zum Ausdruck. Aber während Sie dem Erfolg hinterherjagen, möchte ich Sie dringend bitten, sich auch weiterhin dem Ziel zu widmen, das Leben der Menschen zu verbessern, mit denen Sie in Kontakt kommen, und Ihre Welt besser zu hinterlassen, als Sie sie vorgefunden haben. Das ist der entscheidende Punkt. Mit beidem werden Sie Ihr großartiges Leben entdecken.

KAPITEL 64

WERDEN SIE GROSSARTIG IM LEBEN

Das Leben ist eine Fähigkeit. Und wie jede andere Fähigkeit können Sie darin besser werden, wenn Sie die Grundregeln kennen und sich die Zeit zum Üben nehmen. Sehr viel besser. Wenn Sie sich dem Leben wirklich widmen, können Sie sogar Meisterhaftigkeit erlangen. Einige haben es schon geschafft.

Ich glaube, dass es drei einfache Dinge gibt, die Sie tun können, um großartig im Leben zu werden:

> **Seien Sie achtsam gegenüber dem Leben.** *Nehmen Sie sich die Zeit, darüber nachzudenken, wofür Ihr Leben stehen soll, was Sie aus Ihren Jahren gelernt haben und was Ihr Vermächtnis sein wird. Die Zeit gleitet uns wie Sandkörner durch die Finger und kehrt nie wieder zurück. Nutzen Sie Ihre Tage, um Ihre Talente zum Tragen zu bringen. Dazu fällt mir ein Satz von Erma Bombeck ein: »Wenn ich am Ende meines Lebens vor Gott stehe, hoffe ich, dass ich kein einziges*

vernachlässigtes Talent mehr habe und sagen kann: ›Ich habe alles genutzt, was du mir gegeben hast.‹« Versuchen Sie, jeden Morgen, bevor Sie hinausgehen in die Welt, in ein Tagebuch zu schreiben. Überlegen Sie, welche Ziele Sie erreichen müssen, damit Sie das Gefühl haben, dass der Tag ein Erfolg war, und schreiben Sie sie auf. Überlegen Sie, welche Werte Ihnen am wichtigsten sind. Überlegen Sie, welche Lektionen Sie aus dem vergangenen Tag gelernt haben. Was nützt es, einen Fehler zu machen, wenn man nicht daraus lernt?

Bringen Sie sich ein in das Leben. *Angelina Jolie sprach ein wahres Wort, als sie sagte: »Die einzige Möglichkeit, etwas vom Leben zu haben, ist, sich mit aller Macht hineinzustürzen.« Ich habe etwas gelernt, als ich älter geworden bin: Das Leben gibt dir zurück, was du ihm gibst. Biete dein Bestes auf. Gestern beim Abendessen mit Freunden begannen wir darüber zu sprechen, ob man sich Ziele setzen solle. »Warum sollte man sich Ziele setzen, wenn das Leben so ungewiss ist?«, fragte ein Freund. Meine Antwort: »Nur weil das Leben so unvorhersehbar ist, heißt das nicht, dass man seine Kraft nicht nutzen sollte, um großartig zu sein. Setze dir Ziele. Mache Pläne. Ergreife Maßnahmen und verfolge deine Träume. Das ist es, worum es bei persönlicher Verantwortung geht. Und wenn du dein Bestes gegeben hast, lass los. Und lass das Leben den Rest erledigen.«*

Am **Ende** wird der Milliardär neben dem Straßen-kehrer begraben. Wir **alle** enden als Staub. Also gönnen wir uns ein bisschen Spaß.

Genießen Sie das Leben. *Wir nehmen das Leben so ernst. Aber am Ende wird der Milliardär neben dem Straßenkehrer begraben. Wir alle enden als Staub. Also gönnen wir uns ein bisschen Spaß. »Nur wenige von uns schreiben große Romane«, bemerkte der Journalist und Autor Mignon McLaughlin. »Aber wir alle können sie leben.«*

KAPITEL 65

DIE STEVE-JOBS-FRAGE

Steve Jobs war ein interessanter Mann. Wie viele Menschen gründen mit Anfang 20 in ihrer Garage eine Firma, die zu einem Milliarden-Dollar-Unternehmen heranwächst? Wie viele Menschen können in drei verschiedenen Branchen führend sein? (Musik – der iPod hat die Art und Weise, wie Musik übertragen wird, revolutioniert; Filme – Pixar ist eines der erfolgreichsten Animationsstudios der Welt; und Computer – Apples Bemühen um sexy Design und Benutzerfreundlichkeit ist legendär.) Aber was mich am meisten an Steve Jobs fasziniert, ist seine Philosophie.

Jedes Mal, wenn er vor einer großen Entscheidung stand, stellte sich Jobs eine unvergessliche Frage: »Was würde ich tun, wenn dies die letzte Nacht meines Lebens wäre?« Eine starke Idee. Auf diese Weise lernte er auch seine Frau kennen.

Vor einigen Jahren hielt er einen Vortrag an einer Universität. Sie saß im Publikum. Er verliebte sich sofort in sie und sprach sie nach der Veranstaltung an. Sie gab ihm ihre Nummer. Er wollte sie noch am selben Abend zum Essen ausführen, hatte aber einen Geschäftstermin zu absolvieren. So ist das Leben. Auf dem Weg zurück zu seinem Auto stellte er sich die, wie ich sie nenne, Steve-Jobs-Frage: »Was würde ich tun, wenn dies der letzte Abend meines Lebens wäre?« Wir kennen seine Antwort. Er eilte zurück in den Hörsaal, suchte die Frau und ging mit ihr aus. Seitdem waren sie zusammen.

Was würde ich tun, wenn dies die **letzte** Nacht meines Lebens wäre?

Ich weiß, dass wir alle praktisch an die Dinge herangehen müssen. Ich verstehe, dass wir Jobs' Frage nicht auf jede Situation anwenden können. Aber wie ich in meinem Buch *Wer wird um dich weinen, wenn du nicht mehr bist?* geschrieben habe, ist die Verbindung mit der eigenen Sterblichkeit eine große Quelle der Weisheit. Sich selbst daran zu erinnern, dass man im Großen und Ganzen nicht allzu lange hier sein wird – egal, wie lange man lebt –, ist eine hervorragende Möglichkeit, Leidenschaft zu wecken, Risikobereitschaft zu fördern und sich auf das Spiel des Lebens einzulassen. Sich geistig mit dem Ende zu befassen, ist eine ausgezeichnete Übung, um sich auf das Wesentliche zu konzentrieren. Bevor es zu spät ist.

KAPITEL 66

WAS FEHLT IHNEN AN COOLNESS?

Ich war gerade mit meiner Tochter auf dem Skateboard unterwegs. Heute habe ich ihr einen neuen Helm, Armschoner und Turnschuhe gekauft. Sie sieht aus wie ein Profi. Jetzt muss sie nur noch lernen, wie man das Ding fährt.

Sie liebt ihre neuen Accessoires. Für sie ist Skateboarding ultrahip und der perfekte Sport. Wir waren also draußen und tollten umher, als sie zu mir aufsah und sagte: »Dad, irgendwas fehlt noch, damit ich richtig cool bin.« Was für ein Satz. Sehr witzig. Hat mich zum Nachdenken gebracht.

Was fehlt mir zu meiner Coolness? Was fehlt mir zu meiner Authentizität? Was fehlt mir zu einem großartigen Leben? Bewusstheit geht der Entscheidung voraus und die Entscheidung geht den Ergebnissen voraus. (Okay, ich höre auf, diesen Satz zu wiederholen, aber er ist einfach so unglaublich wichtig.) Wenn Sie sich bewusst werden, was sich in Ihrem Leben verbessern muss, können Sie bessere Entscheidungen treffen. Und mit besseren Entscheidungen werden Sie auch bessere Ergebnisse erzielen. Wir können keine Schwächen beseitigen, von denen wir nicht einmal wissen.

Auf dem Sterbebett bedauern viele Menschen am meisten, dass sie nicht reflektiert genug waren. Dass wir nicht genug Zeit damit verbracht haben, nachzudenken, uns innerlich zu sammeln. Lassen Sie das nicht zu. Nehmen Sie sich die Zeit zum Nachdenken. Fragen Sie sich, was sich in Ihrem Leben verbessern muss. Fragen Sie sich, was verändert werden muss. Fragen Sie sich, welche Werte Sie leben müssen. Fragen Sie sich, wie außergewöhnlich Sie sind, wie »vernetzt« Sie sind, wie interessant (und interessiert) Sie sind – wie cool Sie sind. Dann machen Sie Ihr Leben zu Ihrer Botschaft. Und feilen Sie an Ihrer Coolness.

Auf dem Sterbebett bedauern viele Menschen **am meisten**, dass sie nicht **reflektiert** genug waren.

KAPITEL 67

WER NICHT FRAGT, KRIEGT AUCH NICHTS

Während ich dieses Kapitel schreibe, sitze ich in einem Flugzeug. Ich liebe es, in 10 000 Metern Höhe zu sein. Keine Ablenkungen. Keine Unterbrechungen. Zeit zum Nachdenken. Es gibt nur ein Problem – ich habe mein Wasser vergessen. Ich werde es erklären.

Ich habe es mir angewöhnt, beim Fliegen immer eine Menge Wasser zu trinken. Ich komme leicht auf einen Liter. Das beugt einer Dehydrierung vor, gibt mir Energie und sorgt für einen scharfen Verstand. Viele meiner besten Ideen kommen mir im Flugzeug. Und wenn ich aus dem Flieger steige, bin ich nicht müde, sondern fahre sofort nach Hause, um mit meinen Kindern etwas zu unternehmen. Aber vor diesem Flug – weil ich mich beeilen musste, um meinen Anschluss zu erreichen – hatte ich keine Zeit für mein Ritual. Ich konnte mir mein Wasser nicht kaufen. Und raten Sie mal, was ich dann getan habe? Ich habe im Flieger gefragt, ob man mir welches bringen könnte.

Es schadet **nie**, zu fragen.

Ich ging zum Flugbegleiter, erklärte ihm, dass ich sehr viel Wasser trinke, und fragte ihn, ob er mir vielleicht eine extra große Flasche von dem guten Zeug geben könnte. Ich weiß, dass man im Flieger normalerweise nur ein oder zwei Gläser bekommt, aber ich bin der festen Überzeugung, dass es nie schadet, zu fragen. Für mich ist das ein Organisationsprinzip, nach dem ich versuche, mein Leben zu leben – und es hat mir sehr geholfen. Ich war höflich. Ich war nicht aufdringlich. Ich fragte einfach nach dem, was ich wollte.

»Gerne«, lautete die Antwort. Und damit ging der Flugbegleiter zu einem Metallwagen hinüber, machte ihn auf und nahm das Gewünschte heraus: eine 1,5-Liter-Flasche Vittel-Wasser. Perfekt! Hier sitze ich nun also, gut mit Wasser versorgt. Ich höre die großartige CD *Dust My Broom* von Boozoo Bajou auf meinem iPod und lese *The Spirit to Serve,* das Buch von J. W. Marriott, in dem er beschreibt, wie seine Hotelkette dorthin kam, wo sie heute ist. Ich hatte nicht unter einem Jetlag zu leiden nach diesem Flug. Wirklich nicht. Weil ich gefragt habe.

KAPITEL 68

VERKAUFEN SIE IHREN SCHREIBTISCH

Die besten Geschäftsleute verstecken sich nicht hinter ihren Schreibtischen. Sie wissen, dass es im Geschäftsleben vor allem darum geht, mit Menschen in Kontakt zu treten. Wenn die Menschen Sie mögen, kennen und Ihnen vertrauen, werden sie Ihnen helfen. So ist das nun einmal. Das liegt in der menschlichen Natur.

Die besten Manager kommen hervor hinter ihrem Schreibtisch und führen ausführliche und hilfreiche Gespräche mit ihrem Team. Sie wissen, dass Leidenschaft ansteckend ist und dass man erst das Herz eines Menschen berühren muss, bevor man ihm die Hand reicht. Die besten Verkäufer verlassen ihren Schreibtisch und treffen sich zum Essen mit ihren Kunden. Sie wissen um die Macht des Verkaufs von Beziehungen. (Dahinter steht die große Idee: Menschen kaufen keine Produkte und Dienstleistungen – sie kaufen Menschen und Beziehungen.) Die besten Mitarbeiter verlassen ihren Schreibtisch, um mit ihren Teamkollegen zusammenzuarbeiten, sie zu unterstützen und sie mit ihrer Begeisterung anzustecken.

> Die besten **Geschäftsleute** verstecken sich nicht hinter ihren Schreibtischen. Sie wissen, dass es im Geschäftsleben vor allem darum geht, mit **Menschen** in Kontakt zu treten.

Auch ich bemühe mich, so oft wie möglich aus meinem Büro herauszukommen. Ich liebe mein Team, aber meine Leute wissen, was sie tun. Sie brauchen mich dort nicht mehr unbedingt. Sie führen ohne Titel und sind selbstbestimmt. Ich würde ihnen nur im Weg stehen, wenn ich zu oft da wäre. Ich muss draußen sein und meine heißgeliebten Leser treffen. Ich muss mich um meine geschätzten Kunden kümmern und ihnen helfen, Unternehmen von Weltklasse aufzubauen. Ich muss unterwegs sein, um neue Ideen und interessante Erkenntnisse zu gewinnen, die ihren Weg in meinen Blog oder meine Podcasts oder in meine nächste Rede oder mein nächstes Buch finden werden. Sich hinter meinem Schreibtisch zu verstecken, ist der schlechteste Ort, an dem ich sein könnte. Das »papierlose Büro«? Das wird es zu meinen Lebzeiten nicht geben. Das »schreibtischlose Büro«? Geben Sie mir ein Jahr.

KAPITEL 69

FIT WERDEN FÜR DIE FÜHRUNG

Sie wissen, dass ich ein Verfechter der Idee bin, dass man absolut fit werden muss, wenn man sein Bestes geben will. Sich in eine erstklassige körperliche Verfassung zu bringen, ist eine der klügsten Entscheidungen, die Sie treffen können. Wenn Sie regelmäßig Sport treiben, sehen Sie besser aus, fühlen sich stärker und haben unendlich viel Energie. Wenn Sie fit bleiben, werden Sie auch glücklicher.

Die vergangene Woche war für mich eine Zeit großer Veränderungen. Ich bin dabei, mein Geschäft umzugestalten, um es zielgerichteter und schneller zu machen. Ich coache mein Team, damit es die neuen Standards und Ziele kennenlernt. Ich setze mich selbst stärker unter Druck, um mehr zu erreichen und bessere Ergebnisse zu erzielen. Und ich lege die Messlatte für die Größe meiner Träume höher. Ich möchte mehr bewegen, mehr bewirken. Das spüre ich leidenschaftlich. Eine der Praktiken, die mir dabei sehr gut hilft, ist mein täglicher Gang ins Fitnessstudio.

Ich erinnere mich, dass ein professioneller Redner namens Peter Urs Bender einmal zu mir sagte: »Robin, manche Menschen gehen jeden Tag in die Kirche. Nun, meine Kirche ist das Fitnessstudio. Und jeden Tag gehe ich dorthin, um mich segnen zu lassen.« Ich erinnere mich auch an die Aussage eines Teilnehmers in einem meiner Leadership-Seminare: »Bewegung ist eine Versicherungspolice, die ich für meine Gesundheit abgeschlossen habe. Und jeden Tag, den ich ins Fitnessstudio gehe, zahle ich die Prämie.« Ein anderer Teilnehmer sagte mir kürzlich bei einer Buchsignierung: »Eine gute Gesundheit ist eine Krone auf dem Kopf eines gesunden Menschen, die nur ein kranker Mensch sehen kann.« Kluge Worte. Kluge Menschen.

Egal, wie viel ich zu tun habe oder wie viel Druck auf meinen Schultern lastet, ein intensives Training gibt mir ein gutes Gefühl. Ich komme vom Laufband und fühle mich entspannt, voller Freude und mit einer neuen Perspektive für die Themen, die mich beschäftigen. Beim Laufen kommen mir so viele gute Ideen, und wenn ich Gewichte hebe, bin ich völlig klar. Und wenn ich fit bin, bleibe ich glücklich und positiv. Ich weiß, dass ich nie Mr. Universum sein werde. Aber weil ich auf meine Gesundheit achte, wird mein Leben viel besser, produktiver und länger sein, als wenn ich es nicht täte. Und das reicht mir.

»Eine gute Gesundheit ist eine **Krone** auf dem Kopf eines gesunden Menschen, die nur ein kranker Mensch **sehen** kann.«

KAPITEL 70

AUSGEZEICHNETE FÜHRUNGSQUALITÄTEN UND KINDERKLEIDUNG

Bevor ich heute Morgen dieses Kapitel schrieb, war ich bei dem Schneider, der die Schulkleidung meiner Kinder anpasst. Ich kenne ihn schon sehr lange und er hat uns immer gute Dienste geleistet. Er ist seit 40 Jahren im Geschäft, also dachte ich, ich schaue mal bei ihm hinter die Kulissen, um herauszufinden, was sein Geschäft so erfolgreich und nachhaltig gemacht hat. Ich begann, meine Fragen zu stellen.

Werden Sie immer besser und machen Sie die Dinge besser. Geben Sie sich **nie** mit Mittelmäßigkeit **zufrieden**.

»Robin, es gibt vier einfache Prinzipien, die wir hier in unserer Firma stets befolgt haben. Sie haben mir mein Leben lang gute Dienste geleistet. Ich habe sie von meiner Mutter gelernt, als ich aufwuchs. Sie war einer der erstaunlichsten Menschen, die ich je gekannt habe«, sagte er und hielt einen Moment inne. »Sie fehlt mir wirklich sehr.«

Ich möchte Ihnen Neils vier Grundsätze mit auf den Weg geben, damit Sie Ihre Ansprüche erhöhen und in Ihrer Arbeit – und zu Hause – noch mehr glänzen können.

Vier Lektionen über Führung von einem weisen Schneider:

> **Verbessern Sie sich.** *Werden Sie immer besser und machen Sie die Dinge besser. Geben Sie sich nie mit Mittelmäßigkeit zufrieden.*
>
> **Beobachten Sie.** *Sprechen Sie mit den Menschen, mit denen Sie arbeiten. Hören Sie ihnen wirklich zu. Und behalten Sie Ihr Geschäft immer gut im Auge. Denn Sie können nur etwas gestalten oder verändern, was Sie auch im Blick haben.*
>
> **Verbinden Sie sich.** *Seien Sie gut zu den Menschen. Behandeln Sie Ihre Kunden mit Respekt. Bieten Sie ihnen soliden Wert. Seien Sie fürsorglich und kümmern Sie sich umgehend um Beschwerden.*
>
> **Passen Sie sich an.** *Die Bedingungen ändern sich. Der Wettbewerb nimmt zu. Ungewissheit ist die neue Normalität. Reagieren Sie schnell. Seien Sie flexibel. Bleiben Sie wendig.*

KAPITEL 71

DIE SIEBEN ARTEN DES REICHTUMS

Ich habe gerade ein ganztägiges Führungsseminar gehalten, an dem Manager und Führungskräfte von Unternehmen wie American Express, Infosys, The Gap und Dell teilnahmen. Eine der Ideen, die viele der Anwesenden als besonders hilfreich empfanden, war mein Modell der »Sieben Arten des Reichtums«, das ich im vergangenen Jahr unseren Firmenkunden vorgestellt habe.

Meiner Meinung nach geht es bei Reichtum nicht nur darum, Geld zu verdienen. Es gibt im Grunde sieben Elemente, die man auf ein Weltklasseniveau bringen muss, bevor man sich als reich bezeichnen kann. Ich werde sie aufzählen:

Innerer Reichtum. *Dazu gehören eine positive Einstellung, ein hohes Maß an Selbstachtung, innerer Frieden und eine starke spirituelle Verwurzelung.*

Körperliche Gesundheit. *Ihre Gesundheit ist Ihr Reichtum. Was nützt es Ihnen, eine große Karriere zu* *machen, wenn Sie dabei krank werden? Warum sollte man der beste Geschäftsmann auf der Krankenstation sein? Warum sollte man der reichste Mensch auf dem Friedhof sein?*

Familie und soziales Wohlergehen. *Wenn Ihr Familienleben glücklich ist, werden Sie bei der Arbeit mehr leisten. Niemand bereut am Ende seines Lebens, dass er seine Familie zu seiner ersten Priorität gemacht hat. Damit verbunden ist die Notwendigkeit, tiefe Beziehungen zu Freunden und Mitgliedern Ihrer persönlichen Gemeinschaft (einschließlich Mentoren, Vorbildern und vertrauenswürdigen Beratern) zu knüpfen.*

Erfolg im Beruf. *Es ist unglaublich wichtig, dass Sie Ihr höchstes Potenzial ausschöpfen, indem Sie in Ihrem Beruf Ihr Bestes geben. Wenn Sie in Ihrem Beruf Großartiges leisten, haben Sie ein Gefühl der Zufriedenheit, wenn Sie Ihre Arbeit gut gemacht haben. Es hilft Ihnen, sich zu profilieren. Wenn Sie in Ihrer Arbeit Weltklasse sind, ist das gut für Ihre Selbstachtung.*

Wirtschaftlicher Wohlstand. *Ja, Geld ist wichtig. Nicht das Wichtigste im Leben, aber sehr wichtig. Es macht das Leben auf jeden Fall einfacher und besser. Mit Geld kann man in einem schönen Haus leben, tolle Urlaube machen und für die Menschen, die man liebt, gut sor-*

gen. Wie Yvon Chouinard, der Gründer des Outdoor-Ausrüsters Patagonia, gesagt hat: »Je mehr ich verdiene, desto mehr kann ich verschenken.«

Es gibt im Grunde sieben Elemente, die man auf ein **Weltklasseniveau** bringen sollte, bevor man sich als **reich** bezeichnen kann.

Reich an Abenteuern. *Um erfüllt zu sein, braucht jeder von uns ein Geheimnis in seinem Leben. Herausforderungen sind notwendig, um glücklich zu sein. Das menschliche Gehirn sehnt sich nach Neuem. Und da wir kreative Wesen sind, müssen wir ständig etwas schaffen, wenn wir Freude empfinden wollen. Vielfältige Abenteuer (von der Begegnung mit neuen Menschen bis hin zum Besuch neuer Orte) zu erleben, ist ein wesentliches Element von authentischem Reichtum.*

Reich an Wirkung. *Es ist vielleicht die tiefste Sehnsucht des menschlichen Herzens, dass man für etwas Größeres leben will, das über einen selbst hinausreicht. Jeder von uns sehnt sich danach, bedeutsam zu sein. Einen Unterschied zu machen. Zu wissen, dass die Welt irgendwie besser geworden ist, weil wir auf diesem Planeten gelebt haben. Denken Sie an folgende Worte von Richard Bach: »Hier ist der Test, um herauszufinden, ob Ihre Mission auf der Erde beendet ist: Wenn Sie leben, ist dies nicht der Fall.«*

Ich lade Sie ein, sich auf jedes dieser sieben Elemente zu konzentrieren, wenn Sie echten Reichtum erleben wollen. Geld allein macht noch keinen Reichtum aus. Es gibt viele reiche Menschen, die als Menschen unglücklich und erfolglos sind. Wenn Sie sich darauf konzentrieren, alle sieben dieser Bereiche auf ein Weltklasseniveau zu heben, werden Sie nicht nur für alle Menschen um Sie herum hell erstrahlen, sondern auch dauerhafte Zufriedenheit finden.

KAPITEL 72

WENDEN SIE DEN U2-STANDARD AN

U2 ist eine der coolsten Rockbands der Welt. Aber das ist nicht der Hauptgrund, warum ich sie liebe. Ja, ihre Musik ist fantastisch. Ja, ihre Songs sind oft tiefgründig. Ja, ihre Live-Auftritte sind brillant (wenn Sie daran zweifeln, schauen Sie einfach ihre DVD *Go Home: Live from Slane Castle* an). Aber was mich wirklich an U2 fasziniert, ist ihr unermüdliches Bemühen, immer besser zu werden – egal, wie berühmt sie werden. Es geht ihnen nicht um das Geld. Es geht nicht um den Ruhm. Es geht nicht darum, auf Zeitschriftencover zu kommen. Es geht vor allem darum, dass sie sich weigern, weniger als das Meisterhafte als ihren Standard zu akzeptieren. Wie Bono bemerkte: »Das ist das Eigenartige bei U2. Die Band hat immer das Gefühl, dass sie im Kommen ist, aber nie, dass sie angekommen ist.« Wunderbar.

Alle großen Führungspersönlichkeiten, Erfinder, erfolgreichen Unternehmer und kreativen Superstars spüren diese Sehnsucht tief in ihrem Herzen, in ihrem Leben etwas Besonderes zu tun, zu sein und zu bewirken. Jeder Einzelne von ihnen hat dieses Feuer in seinem Bauch. Sicherlich könnte man ihren unstillbaren Hunger als etwas ungesund bezeichnen und behaupten, dass es solchen Menschen an Zufriedenheit fehle. Und das wäre auch zutreffend. Aber wie ich bereits in einem früheren Kapitel angedeutet habe, sind es genau diese Menschen, die uns den Fortschritt auf der Welt beschert haben, es sind die Männer und Frauen, die spektakuläre Unternehmen aufgebaut haben, die unser Leben bereichern. Die Menschen, denen wir die genialen Erfindungen verdanken, die alles einfacher machen. Die Wissenschaftler, die uns helfen, gesünder zu leben und länger zu leben. Die Menschen, die uns die Möglichkeit gegeben haben, schöne Kunst und wunderbare Musik zu erleben. Größe erlangt derjenige, der sich nie mit dem zufrieden gibt, was ist, wie schön es auch aussehen mag. Ja, man muss das Glück im Leben finden. Und wir müssen die Reise genießen. Auf jeden Fall. Diese Botschaft verkünde ich überall, wo ich hingehe. Ein Gleichgewicht im Leben zu finden, das ist unglaublich wichtig.

Ich will damit nur sagen, dass zu viele Menschen in das andere Extrem verfallen sind. Sie jagen dem Glück, ihrem inneren Frieden und der Ausgeglichenheit hinterher und lassen den natürlichen Instinkt, etwas Spektakuläres zu schaffen, am Rande der Lebensstraße liegen wie ein überfahrenes Tier von gestern. Dabei sind sie aus dem Gleichgewicht geraten. Und sie haben einen der Hauptgründe für ihr Leben verpasst: zu erschaffen. Zu glänzen. Großartig zu sein.

> **Größe** erlangt derjenige, der sich nie mit dem zufrieden gibt, was ist, wie **schön** es auch aussehen mag.

Wenden Sie also den U2-Standard an. Jeden einzelnen Tag – bis Sie Ihren letzten Atemzug tun. Fühlen Sie, dass Sie kommen – und nie, dass Sie angekommen sind. Streben Sie nach Meisterhaftigkeit, Brillanz und Exzellenz in allem, was Sie tun. Dann werden sie zu den seltenen Menschen gehören, die mit wenig Bedauern und Gewissensbissen ihr Ziel erreichen. Sie werden sich an der Tatsache erfreuen, dass Sie das Beste aus dem Leben herausgeholt und Ihr Licht nicht unter den Scheffel gestellt haben. Sie werden das wahre Glücksgefühl empfinden, nach dem wir alle streben, das aber nur wenige von uns jemals erreichen. Und wer weiß: Wenn Sie im Wartezimmer des Himmels sitzen, treffen Sie vielleicht Bono.

KAPITEL 73

MEHR LERNEN, UM MEHR ZU VERDIENEN

Eine einfache Idee, um die nächste Stufe zu erreichen: Um mehr zu verdienen, müssen Sie mehr lernen. Die Vergütung, die Sie von Ihrem Arbeitgeber erhalten, richtet sich nach dem Wert, den Sie schaffen. Je mehr Sie wissen, desto wertvoller werden Sie. Um mehr zu verdienen, lernen Sie mehr. Lesen Sie mehr als Ihre Konkurrenz. Studieren Sie besser als sie. Seien Sie besser als sie. Übertreffen Sie sie.

Ich erinnere mich an die Zeit, als ich als junger Anwalt gerade meine berufliche Laufbahn begann. Ich fragte den Topanwalt der Kanzlei, was ich tun müsse, um mir dort eine dauerhafte Karriere zu sichern. Ich habe seine Antwort nie vergessen: »Robin, seien Sie so sachkundig, so kompetent und brillant in dem, was Sie tun, dass die Kanzlei ohne Sie nicht laufen kann. Werden Sie unentbehrlich.« Ein großartiger Rat. Bewusstheit geht der Entscheidung voraus, die wiederum den Ergebnissen vorausgeht. Wenn Sie lernen, was die Besten tun, werden Sie ein neues Bewusstsein entwickeln. Mit einem besseren Bewusstsein werden Sie bessere Entscheidungen treffen. Und mit besseren Entscheidungen werden Sie mit Sicherheit auch bessere Ergebnisse erzielen. In das Lernen zu investieren und Ihre Fähigkeiten auf Weltklasseniveau zu bringen, ist die klügste Investition, die Sie je tätigen werden. Beherrschen Sie Ihr Handwerk und Sie werden Großes erreichen.

Sagen Sie mir bitte nicht, dass Sie zu beschäftigt sind, um mindestens 60 Minuten am Tag mit Lernen zu verbringen. Einige der fleißigsten Menschen, die ich kenne, lesen oder hören CDs oder machen mindestens eine Stunde am Tag Onlineschulungen.

Viele Menschen sind zu sehr damit beschäftigt, beschäftigt zu sein. Wechseln Sie vom Beschäftigtsein zum Erzielen von Ergebnissen. Auf robinsharma.com finden Sie eine Fülle von Ressourcen, die Ihnen dabei helfen können, lebenslang zu lernen, unter anderem meinen Blog, kostenlose Podcasts, eine Liste meiner Lieblingsbücher und viele andere Wissenswerkzeuge, die Sie zu Ihrem Besten führen.

In das **Lernen** zu investieren und Ihre Fähigkeiten auf Weltklasseniveau zu bringen, ist die **klügste** Investition, die Sie jemals tätigen werden.

Machen Sie also heute den ersten Schritt. Nehmen Sie sich die Zeit zum Lesen, statt heute Abend fernzusehen. Erfahren Sie, was die Superstars in Ihrem Beruf tun, um an der Spitze zu bleiben. Lernen Sie, wie Sie mehr Wohlbefinden in Ihr Leben bringen können. Lernen Sie, wie Sie Ihre Zeit am besten nutzen können. Lernen Sie, wie Sie Ihr bestes Selbst verwirklichen können.

KAPITEL 74

DIE DINGE MIT VERSTÄNDNISVOLLEN AUGEN BETRACHTEN

Es ist eine traurige Tatsache, dass so viele Menschen in anderen immer das Schlimmste suchen. Sie betrachten sie mit den Augen ihrer eigenen Wut, Angst und Begrenzung. Wenn jemand zu spät zu einer Besprechung kommt, unterstellen sie dieser Person eine negative Absicht und sagen: »Wie unhöflich!« Wenn jemand einen Fehler in einer Spesenabrechnung macht, schimpfen sie: »Diese Person ist unehrlich.« Wenn sich jemand falsch ausdrückt, sagen sie leise: »Sie ist eine Lügnerin.« Echte Führungspersönlichkeiten sind anders. Sie suchen nach dem Besten im Menschen. Jack Welch, der langjährige Vorstandsvorsitzende von General Electric, hat es sehr schön gesagt: »Die wichtigste Aufgabe, die Sie haben, ist es, Ihre Mitarbeiter zu fördern und ihnen die Chance zu geben, ihre Träume zu verwirklichen.«

Das soll nicht heißen, dass Führungskräfte die Realität schönfärben sollten. Ganz und gar nicht. Sie müssen auch harte Entscheidungen treffen, wenn es erforderlich ist.

In einem früheren Kapitel habe ich erwähnt, dass die Besten sich nicht darum sorgen, ob man sie mag – sie tun einfach, was ihr Gewissen ihnen sagt und wovon sie überzeugt sind, dass es richtig ist. Ich will damit sagen, dass die besten Führungskräfte die Dinge mit den Augen des Verständnisses betrachten. Wenn jemand zu spät kommt, versuchen sie, der Wahrheit auf den Grund zu gehen. Vielleicht gibt es ein Problem mit dem Zeitmanagement oder ein krankes Kind, um das man sich kümmern muss. Die falsche Verbuchung eines Ausgabepostens kann das Ergebnis eines schlechten Prozesses oder der Desorganisation des Mitarbeiters sein. Eine fehlerhafte Kommunikation könnte darauf zurückzuführen sein, dass die betreffende Person in diesem Bereich unzureichende Fähigkeiten besitzt – das wäre eine Gelegenheit zur Verbesserung.

Anstatt nach dem Schlimmsten in den Menschen zu suchen, möchte ich Sie heute ermutigen, dem Besten in ihnen nachzuspüren. Natürlich gibt es Menschen, die tatsächlich rücksichtslos, unehrlich oder gefühllos sind. Aber meiner Erfahrung nach – und ich habe im Laufe der Jahre mit vielen Menschen zusammengearbeitet – sind die meisten Menschen gut. Nur wenige Menschen wachen morgens auf und fragen sich: »Was kann ich heute tun, um jemandem den Tag zu vermiesen, meine Glaubwürdigkeit zu untergraben oder unser Geschäft zu ruinieren?« Die meisten Fehler, die Menschen machen, sind das Ergebnis von mangelndem Bewusstsein. Die meisten Menschen wissen es einfach nicht besser – hören Sie also auf, alles gleich persönlich zu nehmen.

> Nur **wenige** Menschen wachen morgens auf und fragen sich: »Was kann ich heute tun, um jemandem den Tag zu **vermiesen**, meine Glaubwürdigkeit zu untergraben oder unser Geschäft zu ruinieren?«

Und hier ist der Vorteil für Sie: Wenn Sie das Gute in den Menschen suchen, werden nicht nur die Menschen bereit sein, sich mehr für Sie zu engagieren, sondern auch Sie werden mehr Gutes in Ihrer Welt erkennen.

KAPITEL 75

DAS HERZSTÜCK IHRES HAUSES

Jedes großartige Unternehmen hat ein klar formuliertes Geschäftsmodell und einen strategischen Plan. Dabei geht es um das Konzept und den Fokus des Unternehmens. Aber so wenige Menschen nehmen sich die Zeit, ihr eigenes Leben zu gestalten. Wenn Sie nicht wissen, wo Sie hinwollen, wie wollen Sie dann wissen, wann Sie angekommen sind? Und wie soll man ein Ziel erreichen, das man nicht einmal sehen kann?

In der Hotelbranche gibt es einen Namen für all die Dinge, die sich hinter den Kulissen abspielen und die der Gast nicht sieht. All die Vorgänge, die in der Buchhaltung, in der Hauswirtschaft, in der Küche und in der Wäscherei ablaufen müssen, die zwar entscheidend für das Unternehmen sind, aber nicht öffentlich nachvollziehbar sind. Diese Aktivitäten werden als »das Herz des Hauses« bezeichnet. Wenn das »Herz des Hauses« in bester Ordnung ist und nahezu fehlerfrei funktioniert, gilt dies auch für das Gästeerlebnis.

Haben Sie ein »Geschäftsmodell« für Ihr **Leben**? Haben Sie einen **strategischen** Plan für Ihre Träume?

Hier ist die große Idee für Sie: Um Ihr bestmögliches Leben zu erreichen, schlage ich vor, dass Sie dafür sorgen, dass das Herz Ihres Hauses immer gut aufgeräumt ist. Haben Sie ein »Geschäftsmodell« für Ihr Leben? Haben Sie einen strategischen Plan für Ihre Träume? Haben Sie Ihre zentralen Werte und die wichtigsten Prioritäten Ihres Lebens auf einem Blatt Papier festgehalten, das Sie dann jeden Morgen durchgehen, um sich auf das Wesentliche zu konzentrieren? Dies sind alles Aspekte des »Herzstücks des Hauses«, Ihres inneren Arbeitsprozesses, der Ihre äußeren Ergebnisse lenken und steuern wird.

Natürlich kostet es Zeit, diese innere Arbeit zu leisten. Und natürlich gibt es immer eine Menge dringender Dinge, die wir sofort erledigen müssen. Aber es hat keinen Sinn, beschäftigt zu sein, wenn man mit den falschen Dingen beschäftigt ist.

KAPITEL 76

WERDEN SIE EIN INSPIRIERENDER MENSCH

Als ich meinen Sohn neulich an der Schule absetzte, beobachtete ich amüsiert, was er tat, als er in sein Klassenzimmer ging. Er lief an einem seiner Mitschüler vorbei und sagte: »Na, heute keinen Clown gefrühstückt?« Sein Freund, der sehr ernst dreinschaute, blickte auf. Beide Kinder brachen in Gelächter aus. Auch ich musste lachen. Aber dann kam ich ins Nachdenken.

Großartigkeit im Geschäft kommt wie auch im Leben dadurch zustande, dass man ein inspirierender Mensch ist. Wir müssen die Menschen durch unsere Einstellung und unsere bloße Anwesenheit aufrichten. Wenn wir sehen, dass jemand niedergeschlagen ist, eine schwere Zeit durchmacht, an seinem Potenzial zweifelt oder ein aufmunterndes Wort braucht, ist es unsere Pflicht, ihm zu helfen, vielleicht indem wir fragen: »Na, heute keinen Clown gefrühstückt?«

Die beste Art und Weise, einen anderen Menschen – sei es ein Mitarbeiter, ein Familienangehöriger oder ein Freund – zu führen und emporzuheben, besteht darin, das Verhalten vorzuleben, das man sich wünscht. Andere kann man am besten beeinflussen, wenn man ihnen mit gutem Beispiel vorangeht. Sie können mit Ihrem Leben eine bessere Predigt halten als mit Ihren Worten. Reden ist wirklich billig. Außergewöhnliche Menschen leben ihre Botschaft. Sie leben, was sie sagen. Und vor allem: Sie sind inspirierend. Sind Sie das auch?

Eines der schönsten Komplimente, die ich je erhalten habe, kam von einer Frau, die mich nach einem Vortrag ansprach, den ich vor 2000 Fitness-Fachleuten für eine großartige Organisation namens Can-Fit-Pro gehalten hatte. »Robin, Ihre Präsentation hat mir sehr gut gefallen«, sagte sie gerührt. Ich fragte, warum. »Ich bin mir nicht ganz sicher. Ich vermute, Sie haben mich einfach dazu inspiriert, ein besserer Mensch zu sein.« Wie würden die Unternehmen, für die wir arbeiten, die Gemeinschaften, in denen wir leben, und der Planet, auf dem wir zu Hause sind, aussehen, wenn sich jeder von uns bemühen würde, jeden Tag eine inspirierende Führungspersönlichkeit zu sein – und die anderen zu ermutigen, bessere Menschen zu sein? Wir können die Dunkelheit verfluchen oder wir können eine Kerze anzünden. Und unsere Welt braucht mehr Licht. Leuchten Sie. Heute.

Großartigkeit im Geschäft kommt wie auch im Leben dadurch zustande, dass man ein **inspirierender** Mensch ist.

KAPITEL 77

MACHEN SIE EINE DELLE INS UNIVERSUM

Ich schreibe dieses Kapitel am frühen Morgen; heute bin ich früher aufgestanden als sonst. Ich habe wunderschöne Musik gehört, sanfte, ruhige Musik, teils auch indische Musik. Ich habe ein paar Eintragungen in mein Tagebuch gemacht. Ich habe darüber geschrieben, wie sehr ich meine Kinder liebe. Ich habe festgehalten, in welchem Stadium sich mein Leben gerade befindet. Ich habe darüber geschrieben, wohin ich mein Leben lenken möchte. Und ich habe geschrieben, wie hungrig ich darauf bin, etwas zu bewirken. Führungsfähigkeit bedeutet, dass man als Mensch etwas bewirkt oder bewegt. Dass man einen Unterschied macht. Dass man die Dinge besser hinterlässt, als man sie vorgefunden hat.

Als ich Shimon Peres traf, fragte ich ihn, was seiner Meinung nach der Sinn des Lebens sei. Er antwortete, ohne zu zögern: »Eine Sache zu finden, die über einen selbst hinausweist, und dann sein Leben dafür einzusetzen.« Wie sähe unsere Welt aus, wenn jeder von uns seine Sache oder seinen Lebenszweck gefunden hätte und ihn dann leidenschaftlich verfolgen würde? Es gäbe weniger Hass, weniger Kriege und mehr Liebe. Und wir wären als Menschheit geeint. Wie Coretta Scott King sagte: »Wenn du bereit bist, für eine große Sache Opfer zu bringen, wirst du nie allein sein.«

Steve Jobs, der ehemalige Vorstandsvorsitzende von Apple, erklärte seinen Mitarbeitern immer, dass sie, wenn sie das Undenkbare denken und das Unmögliche möglich machen, die Chance hätten, »eine Delle ins Universum zu schlagen«. Jobs hat es wirklich verstanden. Natürlich ist es wichtig, als Unternehmen Gewinn zu erzielen. Natürlich wollen Sie, dass Ihre Firma operativ hervorragend arbeitet. Sicherlich wollen Sie qualitativ hochwertige Produkte und Dienstleistungen anbieten. Und natürlich müssen Sie ständig innovativ sein und Ihre Marke ausbauen. Aber geht es im Geschäftsleben nicht letztlich darum, etwas in der Welt zu bewirken, indem Sie Ihren Kunden hilfreich zur Seite stehen und andere Menschen positiv beeinflussen?

Geht es im Geschäftsleben nicht **letztlich** darum, etwas in der Welt zu **bewirken**, indem Sie Ihren Kunden hilfreich zur Seite stehen und andere Menschen positiv beeinflussen?

Also eine höfliche Frage von einem Mann, der nur das Beste für Sie will: »Welche Delle werden Sie heute schlagen?« Welches Ziel werden Sie verfolgen? Welchen Beitrag werden Sie leisten – bei der Arbeit, zu Hause, im Leben?

KAPITEL 78

NICHT ALLE FÜHRUNGS-PERSÖNLICHKEITEN SIND GLEICH

Oft kommen Führungskräfte nach Präsentationen auf mich zu und wollen Näheres wissen zu meiner Aussage »Jeder muss eine Führungskraft sein«. In meinen Leadership-Seminaren weise ich immer wieder darauf hin, dass sich jede Person im Team als Führungskraft verstehen muss, wenn ein Unternehmen Großes erreichen will. Die besten Unternehmen der Welt bauen schneller als die Konkurrenz Führungskräfte auf und entwickeln ihr Führungspotenzial in der gesamten Organisation. Dies zu erreichen, ist ihr wichtigstes Ziel. Und sie tun es schnell. Ich habe das bereits erwähnt, aber es lohnt sich, es zu wiederholen.

Jeder ist eine Führungskraft. Aber nicht alle Führungspersönlichkeiten sind gleich.

Ich will damit nicht sagen, dass jeder das Unternehmen leiten sollte. Das wäre nicht sinnvoll. Jeder Mitarbeiter ist eine

Führungskraft, aber nicht jeder macht das Gleiche. Folgender Vergleich soll Ihnen den Unterschied verdeutlichen. Ich liebe U2. Bono ist der Leadsänger. Larry Mullen Jr. ist der Schlagzeuger. Wenn Larry versuchen würde, der Leadsänger zu sein, und Bono daraufhin anfangen würde, Schlagzeug zu spielen, würde ein Chaos entstehen. Oder stellen Sie sich vor, der Tourmanager käme auf den Gedanken, er könne für einen Abend Bono sein und auf die Bühne gehen, während Bono in seiner Garderobe bleibt. Das wäre keine gute Idee.

Seien Sie sich im Klaren über Ihre Rolle. Jeder muss sich wie eine Führungskraft verhalten – egal, was er tut. Jeder muss Führungseigenschaften zeigen – unabhängig von seiner Position. Das bedeutet, dass jeder die Verantwortung für die Ergebnisse übernehmen muss, die er erzielt. Jeder muss seinen Teil zur Gestaltung der Firmenkultur beitragen. Jeder muss positiv und inspirierend sein. Jeder muss dafür sorgen, dass die Kunden zufrieden sind und die Marke geschützt wird. Jeder ist eine Führungskraft. Aber nicht alle Führungspersönlichkeiten sind gleich.

KAPITEL 79

SECHS GRÜNDE, SICH ZIELE ZU SETZEN

Ich weiß, was Sie jetzt denken: »Robin, bringe ein Thema, das frisch, originell und herausfordernd ist. Warum schreibst du immer über Ziele? Wir kennen dieses Thema mittlerweile. Es ist langweilig!« Nur wenige Erfolgsmethoden sind so wichtig wie die Formulierung Ihrer wichtigsten Ziele und deren tägliche Überprüfung. Sich meisterhaft Ziele zu setzen und diese dann regelmäßig zu überprüfen, ist eine wesentliche Voraussetzung für ein großartiges Leben. Aber wie sieht es in der Praxis aus? Die meisten Menschen beschäftigen sich bestenfalls eine Stunde im Jahr mit dieser Aufgabe. Es stimmt: Die Menschen verbringen mehr Zeit mit der Planung ihres Sommerurlaubs als mit der Gestaltung ihres Lebens.

Meiner Meinung nach gibt es sechs wichtige Gründe, warum Sie sich Ziele setzen sollten: Fokussierung, persönliche Weiterentwicklung, Intentionalität, Bewertung, Übereinstimmung und Inspiration.

Fokussierung. *Worauf sich Ihre Fokussierung richtet, dorthin fließt Ihre Energie. Ich fühle mich sehr geehrt, dass ich der Erfolgscoach einiger echter Superstars in der Geschäftswelt bin. Milliardäre, prominente Unternehmer, führende Köpfe der Industrie. Einer der wichtigsten Charakterzüge dieser Menschen ist ihre Fokussierung. Sie kennen die wichtigsten Ziele, die sie erreichen müssen, um Außergewöhnliches zu leisten. Und dann konzentrieren sie sich entschlossen auf diese Ziele. Ziele schaffen Fokus. Ein einfacher, aber wirkungsvoller Gedanke.*

Weiterentwicklung. *Das Setzen von Zielen fördert das persönliche Wachstum. Der wahre Wert des Erreichens eines Ziels liegt nicht im erreichten Ergebnis, sondern in dem, was der Weg dorthin aus Ihnen als Person gemacht hat.*

Intentionalität. *Es ist leicht, das Leben nach dem Zufallsprinzip zu leben und sich gewissermaßen schlafwandelnd durch die Tage zu bewegen. Wenn Sie nicht auf das Leben reagieren, hat das Leben einen Weg, auf Sie zu reagieren. Indem Sie Ihre Ziele formulieren und diese jeden Morgen fünf Minuten lang überprüfen, nehmen Sie Einfluss auf Ihr Leben und leben eher proaktiv denn reaktiv. Wenn Sie sich Ziele setzen, haben Sie einen Rahmen oder eine Entscheidungsmatrix, die Ihnen bessere Entscheidungen ermöglicht. Sie werden* *sich innerhalb weniger Sekunden bewusst, wenn Sie vom Plan abweichen. Sie werden weniger Fehler machen und in kürzerer Zeit mehr erledigen können. Wie der Schriftsteller Saul Bellow sagte: »Ein Plan befreit von der Qual der Wahl«.*

Sich Ziele zu setzen, ist ein **kühnes** Vorhaben, um Ihr bestes Selbst zum Tragen zu bringen. Sich Ziele zu setzen, ist ein Akt des **Heldentums**, denn Sie greifen nach dem Potenzial, das Ihnen **mitgegeben** wurde.

Bewertung. *Zu unseren Firmenkunden gehört auch El Al, die nationale Fluggesellschaft Israels. Wir haben ein Leadership-Training für ihr Managementteam durchgeführt. Als ich das letzte Mal dort war, bot mir Amos Shapiro, der Vorstandschef der Fluggesellschaft, eine Führung durch den spektakulären Flughafen von Tel Aviv an. In einem der Besprechungsräume, die von seinen Mitarbeitern genutzt wurden, stand eine Aussage auf einem zerknitterten Stück Papier, das an der Wand hing: »Was gemessen und bewertet wird, wird verbessert.« Ein wichtiger Gedanke. Wenn man sich Ziele setzt, kann man etwas messen. Wenn Ihr Ziel in Bezug auf Ihre physische Verfassung darin besteht, einen Körperfettanteil von 12 Prozent zu erreichen, haben Sie einen Maßstab, anhand dessen Sie Ihre Fortschritte messen können. Und wenn Sie sie messen, haben Sie eine Grundlage, auf der Sie sich verbessern können.*

Wenn Sie sich über Ihre Ziele im Klaren sind, können Sie bessere Entscheidungen treffen. Mit besseren Entscheidungen werden Sie auch bessere Ergebnisse erzielen.

Übereinstimmung. *Ich möchte Ihnen eines meiner wichtigsten »Erfolgsgeheimnisse« mitteilen: Stellen Sie sicher, dass sich Ihre täglichen Handlungen mit Ihren innersten Überzeugungen decken. Lassen Sie es mich anders formulieren: Sie können nicht Ihr Glück finden, wenn Ihre Selbstverpflichtungen nicht mit Ihren Überzeugungen übereinstimmen. Denn geht es bei der Frage der Integrität letztlich nicht darum, sicherzustellen, dass Ihre Handlungen Ihre Werte und das, wofür Sie stehen, widerspiegeln? Sich klare Ziele zu setzen, die sich mit Ihren wichtigsten Werten in Übereinstimmung befinden, ist ein hervorragender Weg zu persönlicher Großartigkeit.*

Inspiration. *Ziele bringen Leben in Ihren Alltag. Wenn Sie Ihre Ziele auf einem weißen Blatt Papier formulieren, eröffnen sich Ihnen ganz neue Möglichkeiten, was aus Ihrem Leben werden kann. Wenn Sie sich Ziele setzen, bedeutet das, dass Sie sich weigern, gewöhnlich zu sein. Sich Ziele zu setzen, ist ein kühnes Vorhaben, um Ihr bestes Selbst zum Tragen zu bringen. Sich Ziele zu setzen, ist ein Akt des Heldentums, denn Sie greifen nach dem Potenzial, das Ihnen mitgegeben wurde. Wie Mark Twain bemerkte: »Wenn jeder mit sich selbst zufrieden wäre, gäbe es keine Helden.«*

KAPITEL 80

DENKEN SIE AN DEN BUMERANG-EFFEKT

Eine tolle Idee: Das, was Sie in Ihrem Leben am meisten wollen, ist genau das, was Sie verschenken müssen.

Sie wollen mehr Anerkennung für das, was Sie tun und wer Sie sind? Seien Sie derjenige, der anderen Anerkennung schenkt. Verbreiten Sie sie wie ein Lauffeuer. Verschenken Sie das, was Sie sich am meisten wünschen. Dies wird in den Köpfen und Herzen all derer, die Sie umgeben, die Bereitschaft fördern, ebenfalls mehr Anerkennung zu verschenken.

Geben Sie das, was Sie am liebsten **zurückkommen** sehen möchten.

Wollen Sie mehr Verständnis von anderen? Seien Sie selbst verständnisvoller und geben Sie dies weiter.

Wollen Sie mehr Loyalität? Seien Sie die loyalste Person, die man findet. Beobachten Sie, was daraufhin passiert.

Wollen Sie mehr Liebe? Geben Sie selbst mehr Liebe.

Ich bin überzeugt, das Leben will, dass Sie gewinnen. Die meisten Menschen stehen sich nur selbst im Weg und sabotieren ihren Erfolg. Sie lassen zu, dass ihre Ängste sie von Großem abhalten. Sie lassen ihre Begrenzungen zu ihren Ketten werden. Sie werden zu ihren eigenen schlimmsten Feinden. Um all das zu bekommen, was das Leben für Sie vorgesehen hat, bedienen Sie sich einer Praktik, die ich den Bumerang-Effekt nenne: Geben Sie das, was Sie am liebsten zurückkommen sehen möchten. Es ist ein großartiges Leben, das Sie vor sich haben. Gehen Sie einfach los und holen Sie es sich.

KAPITEL 81

Geben Sie den Menschen ein gutes Gefühl

Menschen machen gern Geschäfte mit Menschen, bei denen sie sich gut fühlen. Der Mensch ist ein emotionsgeladenes Wesen. Wir wollen mit Menschen zusammen sein, bei denen wir uns glücklich, anerkannt, umsorgt und sicher fühlen.

Ich möchte Ihnen zwei Menschen vorstellen: einen Landwirt namens Steve und Jake, den Besitzer eines Obst- und Gemüseladens – zwei Menschen, die mehr über den Aufbau eines Geschäfts wissen als die meisten Vorstandschefs. Steve verkauft Kürbisse. Ich lebe in Kanada, und jeden Herbst steigen die Kinder und ich ins Auto und fahren eine halbe Stunde, um unsere Halloween-Kürbisse bei diesem Bauern zu holen, der scheinbar nie älter wird. Natürlich könnten wir unsere Kürbisse auch im örtlichen Lebensmittelgeschäft kaufen, das nur fünf Minuten von unserem Haus entfernt ist. Aber dann würden wir die Gefühle vermissen, die Steve in uns auslöst. Er erinnert sich an unsere Namen. Er bringt uns zum Lachen. Er erzählt uns Geschichten. Er erinnert uns an das Beste in der Welt (das können Landwirte gut). Und wir fahren mit einem großen Stapel Kürbisse und Freude in unseren Herzen wieder heim. Übrigens ist Steves Geschäft unglaublich erfolgreich.

Der andere Mann ist Jake. Jake betreibt einen Gemischtwarenladen. Wenn die Kinder und ich hineingehen, begrüßt er uns mit Namen. Er kennt unsere Geburtstage (er trägt sie in ein kleines schwarzes Buch ein). Jake bestellt Zeitschriften wie *Dwell*, *Azure* und *Business 2.0* speziell für mich (natürlich ohne Aufpreis). Seine Umgangsformen sind tadellos. Er lächelt immer. Wir fühlen uns wohl bei ihm. Es gibt mindestens fünf andere solcher Läden in unserer Nachbarschaft, aber Jake ist ein Meister im Aufbau von Beziehungen. Er hat also unsere Loyalität. Oh, und der Typ ist Millionär.

Gut zu sein bedeutet, weise zu sein. Es ist eine kluge Geschäftsstrategie. Seien Sie wie Steve. Nehmen Sie sich Jake als Vorbild. Geben Sie den Leuten ein gutes Gefühl, wenn sie mit Ihnen Geschäfte machen. Sie werden die Konkurrenz abhängen. Sie werden Spaß dabei haben. Und Sie tun einfach das Richtige.

»Tue Gutes und hinterlasse etwas, was die Stürme der Zeit **niemals** zerstören können.«

Das erinnert mich an die Worte, die auf einem Zettel standen, den mir ein Seminarteilnehmer nach einer Veranstaltung vor einigen Monaten überreichte: »Tue Gutes und hinterlasse etwas, was die Stürme der Zeit niemals zerstören können.« Ich fragte ihn, von wem diese Worte stammten. Seine Antwort lautete kurz und bündig: »Vom weisesten Menschen, den ich je gekannt habe – meinem Großvater.«

KAPITEL 82

VERPFLICHTEN SIE SICH ZUR ERSTKLASSIGKEIT

Eine der persönlichen Gewohnheiten, die ich immer wieder bei den Stars und außergewöhnlichen Führungskräften, die ich gecoacht habe, beobachten konnte, ist ihr Bemühen darum, ihr Streben nach Erstklassigkeit in ihrem Umfeld zum Tragen zu bringen. Sie fahren die hochwertigsten Autos, wohnen in den tollsten Häusern und tragen die feinste Kleidung. Ihre Philosophie lautet anscheinend: »Ich stehe dafür, der Beste zu sein, also ist es naheliegend, dass ich auch in das Beste investiere.« Und jetzt kommt der Clou: Sie halten an dieser Überzeugung fest, auch wenn zeitweilig der Erfolg ausbleibt.

Meisterhaftigkeit ist vor allem eine Geisteshaltung. Sie müssen an Ihr Potenzial und Ihre Kraft glauben, bevor Sie sie zum Leben erwecken können. Sie müssen das Gefühl haben, dass Sie außergewöhnlich sind, bevor Sie außergewöhnlich werden können. Ich nenne dies die »Erstellung einer emotionalen Blaupause«. Um spektakuläre Ergebnisse in Ihrem äußeren Leben zu erzielen, müssen Sie emotional eine Blaupause Ihrer Vision in Ihrem inneren Leben erschaffen.

Diese Gefühlshaltung erreichen Sie meiner Erfahrung nach am besten, wenn Sie sicherstellen, dass alles, womit Sie sich umgeben, auf höchstem Niveau ist. Vor Jahren habe ich ein Buch gelesen, das von einem Magier namens Al Koran geschrieben wurde und den Titel *Bring Out the Magic in Your Mind* trägt. Eine der Ideen, die mir im Gedächtnis geblieben sind, ist sein Vorschlag, dass man, wenn man erfolgreich sein will, dorthin gehen solle, wo die erfolgreichen Menschen sind. Selbst wenn Sie nur 10 Dollar haben, gehen Sie auf einen Kaffee in das beste Restaurant Ihrer Stadt. Was er damit sagen will? Ihre Umgebung prägt Ihre Gefühle. Und die Art, wie Sie sich fühlen, bestimmt, was Sie tun. Wenn Sie sich erstklassig fühlen, werden Sie sich auch erstklassig verhalten.

> Wenn Sie sich selbst mit guten Dingen belohnen, senden Sie eine Botschaft an den tiefsten – und zugleich **höchsten** – Teil von sich. Eine Botschaft, die besagt: »**Ich bin es mir wert** – und ich verdiene es.«

Investieren Sie in das Beste. Kaufen Sie die hochwertigsten Waren, die Sie sich leisten können. Es ist besser, ein hervorragendes Paar Schuhe zu kaufen als drei billige (sie halten länger und geben Ihnen ein gutes Gefühl, wenn Sie sie tragen). Ich liebe diesen Satz: »An Qualität erinnert man sich noch lange, nachdem man den Preis vergessen hat.« Wie wahr. Als ich ein junger Anwalt war, der gerade angefangen hatte, investierte ich einen Teil meines ersten Gehaltsschecks in eine tolle Uhr. Es war weder eine Rolex noch eine Cartier. Aber es war eine gute Uhr – die beste, die ich mir leisten konnte. Ich dachte, dass sie jahrelang halten würde, dass ich mich erfolgreich fühlen würde, wenn ich sie trug, und dass ich am Ende sogar Geld sparen würde, weil sie selten repariert werden müsste. Einer meiner Freunde, der immer nach dem billigsten Angebot suchte, lachte mich aus. Aber ich behielt recht (das passiert mir auch ab und zu). Meine Uhr funktioniert immer noch einwandfrei. Sie musste noch nie repariert werden. Mein Freund hat in dieser Zeit sechs Uhren verschlissen. Er hat sich nicht nur die positiven Gefühle versagt, die eine hohe Qualität mit sich gebracht hätte, sondern er hat am Ende sogar mehr Geld ausgegeben als ich. Er hat den Wald vor lauter Bäumen nicht gesehen.

Ich will keineswegs einem sinnlosen Streben nach materiellen Dingen das Wort reden. Ich will damit nur sagen, dass Sie sich mit dem Besten umgeben sollten, wenn es Ihnen wirklich ernst damit ist, für das Beste zu stehen (und ich weiß, dass Sie das tun). Wenn Sie sich selbst mit guten Dingen belohnen, senden Sie eine Botschaft an den tiefsten – und zugleich höchsten – Teil von sich. Eine Botschaft, die besagt: »Ich bin es mir wert – und ich verdiene es.« Eine Botschaft, die Sie anspornt, noch mehr zu erreichen, noch härter zu arbeiten und noch besser zu sein. Jedem, der sagt, dass unser Selbstwertgefühl so stark sein sollte, dass hochwertige Güter keinen Einfluss darauf haben, wie wir uns fühlen, möchte ich meinen Respekt zollen – aber ich will darauf hinweisen, dass eine solche Aussage an der Realität der menschlichen Natur vorbeigeht. Ich halte mich für einen sehr idealistischen Menschen. Aber ich bin auch ein Realist (»in allen Dingen ein Gleichgewicht«, wie Buddha sagte). Jeder von uns mag schöne Dinge. Sie bereiten uns Freude. Sie sprechen unsere Sinne an, genau wie ein wunderbarer Sonnenuntergang oder ein herrlicher Berg. Es stimmt, dass materielle Besitztümer kein dauerhaftes Glück erzeugen. Und es gibt viele Dinge im Leben, die viel wichtiger sind. Gleichwohl sind auch diese Dinge nicht unwichtig.

Die Besten investieren in das Beste. Vielleicht mache ich mich bei Ihnen nicht beliebt, wenn ich diesen Standpunkt vertrete. Aber ich will mit meiner Meinung nicht hinter dem Berg halten. Wie einer meiner Kunden einmal bemerkte: »Mein Geschmack ist einfach – ich will nur das Beste.«

KAPITEL 83

MISTEN SIE GRÜNDLICH AUS

Ich habe einen Großteil der letzten zwölf Monate in einem strategischen Winterschlaf verbracht, wie ich es nenne – ich habe mich von der Hektik meines Lebens zurückgezogen und meine Prioritäten, meine Werte und meine persönliche Philosophie überdacht. Ich habe weniger soziale Einladungen angenommen, zahlreiche Aktivitäten eingeschränkt und viel mehr Zeit mit Nachdenken verbracht – nur um sicherzugehen, dass ich den richtigen Berg besteige und meine Tage so verbringe, wie sie verbracht werden sollten. Ich habe dieses Jahr auch viel Zeit investiert, um einen »großen Kehraus« durchzuführen.

Ein Kehraus ist eine hervorragende Möglichkeit, das eigene Leben zu rationalisieren, zu vereinfachen und neu auszurichten. Die meisten von uns schleppen eine Menge Gepäck mit sich herum, das sich im Laufe unserer Reise angesammelt hat. Dazu gehören vielleicht auch ungeordnete Dinge wie unvollendete Beziehungen oder Menschen, denen Sie noch etwas vergeben (oder bei denen sie sich entschuldigen) müssen. Ihr Lebensgepäck könnte diverses »Unerledigtes« enthalten, wie ein Testament, das vorbereitet werden muss, oder eine Lebensversicherung, die aktualisiert werden sollte. Die Unordnung könnte sich auf einen ungepflegten Garten oder einen Haufen unverpackter Kisten beziehen, die sich in einem freien Zimmer stapeln. Der Grundgedanke ist folgender: Wenn Sie diese Dinge ausmisten – sie in Ordnung bringen oder streichen, was aus Ihrem Leben gestrichen werden muss –, werden Sie sich unbeschwerter und glücklicher fühlen, und Ihr Geist wird mehr Ruhe finden.

Mein Kehraus bestand darin, ein Testament zu machen, mich einer Menge Dinge zu entledigen, die ich schon lange nicht mehr benutzt hatte, einen Finanzplan aufzustellen, meine Räume auszumisten, mich von Dingen zu verabschieden, die nicht mehr mit meinen persönlichen und beruflichen Zielen übereinstimmten, Systeme und Verfahrensweisen zu installieren, um effizienter zu werden, und insgesamt mein Geschäftsmodell zu verfeinern. Und raten Sie mal? Es hat funktioniert – wunderbar.

> Streichen Sie, was aus Ihrem Leben gestrichen werden muss – Sie werden sich unbeschwerter und glücklicher fühlen, und Ihr Geist wird mehr **Ruhe** finden.

Ich habe jetzt mehr Zeit für das, was am wichtigsten ist. Ich bin entspannter und fühle mich im Fluss. Ich habe mehr Energie. (Unordnung, sei es in körperlicher oder emotionaler

Hinsicht, zehrt an den Kräften.) Ich bin kreativer. Und ich habe mehr Spaß. Machen Sie also einen großen Kehraus in Ihrem Leben. Und fangen Sie bald damit an. Die Ergebnisse könnten Sie überraschen.

KAPITEL 84

BEFOLGEN SIE DIE *MILLION DOLLAR BABY*-REGEL

Ich habe den Film *Million Dollar Baby* geliebt. Ein zutiefst bewegender, unvergesslicher Film. Er enthält so viele Lektionen für das Leben, an eine aber denke ich immer noch ganz besonders: »Schütze dich selbst.«

Ich glaube, ich bin ein Weltklasse-Optimist. Ich versuche, stets positiv zu bleiben. Ich bin bestrebt, in jeder Situation das Beste zu sehen und das Gute in jedem Menschen, dem ich begegne. Ich erwarte wirklich das Beste vom Leben. Aber ich bereite mich auch auf das Schlimmste vor. Das halte ich einfach für sinnvoll. Das Leben ist kein Märchen. Ich muss sagen, dass es kein leichter Balanceakt ist, das Beste zu erwarten, sich aber gleichwohl auf das Schlimmste vorzubereiten. Aber ich denke, es ist wichtig, dass wir daran arbeiten und es richtig machen, während wir nach unseren eigenen, einzigartigen Formen persönlicher Großartigkeit streben.

Seien Sie also überaus liebevoll und freundlich zu den Menschen. Unbedingt. Geben Sie von sich selbst und helfen Sie allen Menschen, die Sie umgeben, so gut Sie können. Seien Sie einer dieser besonderen Menschen, die andere Menschen bereichern. Aber achten Sie darauf, nicht gleichzeitig zum Märtyrer zu werden. Das Problem mit Märtyrern ist, dass die meisten von ihnen auf dem Scheiterhaufen verbrannt werden. Seien Sie freundlich und rücksichtsvoll zu anderen und freundlich und rücksichtsvoll zu sich selbst. Streben Sie nach Gleichgewicht zwischen dem Verschenken von Energie, die andere inspiriert, und dem Auffüllen Ihrer eigenen Energie, damit Sie selbst inspiriert bleiben. Schaffen Sie dieses komplizierte Gleichgewicht zwischen der Liebe zu anderen und der Liebe zu sich selbst.

Das Problem mit **Märtyrern** ist, dass die meisten von ihnen auf dem Scheiterhaufen **verbrannt** werden.

Setzen Sie Grenzen. Kennen Sie Ihre eigenen Grenzen. Treiben Sie es nicht auf die Spitze. Schützen Sie sich selbst.

KAPITEL 85

DIE ERDE IST KLEIN

Viele unserer Kunden sprechen über das Buch *Die Welt ist flach* von Thomas Friedman. Darin geht es um die Globalisierung und die Angleichung der Wettbewerbsbedingungen durch aufstrebende Volkswirtschaften. Ein ausgezeichnetes Buch. Der Titel hat mich allerdings an ein ganz anderes Thema denken lassen: an die Bedeutung der Perspektive.

Die Welt ist nicht flach – die Welt ist klein. Das ist der Punkt, den ich Ihnen zu vermitteln versuche: Wir leben auf einem kleinen Planeten in einem gigantischen Universum. Stephen Hawking, der berühmte Physiker, sagte einmal, dass wir uns auf einem unbedeutenden Planeten eines sehr durchschnittlichen Sterns in den äußeren Bezirken einer von hundert Milliarden Galaxien befinden. Und Sie und ich sind nur einer von Milliarden von Menschen auf dieser Erde. Sind die Probleme, mit denen wir im Laufe unseres Lebens konfrontiert werden, wirklich so groß? Wenn man ein bisschen mehr auf die Perspektive achtet, lässt sich das Leben leichter bewältigen.

Eine Frage, die ich mir manchmal stelle, wenn ich vor einem Problem stehe, ist diese: »Wird das in einem Jahr noch eine Rolle spielen?« Wenn ich die Frage verneine, wende ich mich anderen Dingen zu – und zwar umgehend. Eine andere gute Frage, die Sie Ihrem Team am Arbeitsplatz oder Ihrer Familie zu Hause stellen können, lautet: »Ist hier jemand gestorben?« Wenn das nicht der Fall ist, beruhigen sich die Dinge und die Gemüter im Allgemeinen recht schnell.

Achten Sie auf die Perspektive. Die meisten Probleme, die wir für eine Katastrophe halten, entpuppen sich im Nachhinein als Segen. Ich habe Dinge erlebt, die anfangs schmerzhaft schienen. Ich dachte, die Welt würde untergehen. Aber im Laufe der Zeit entwickelten sich diese Misslichkeiten zu genau den Dingen, die mein Leben besser, glücklicher und lohnender machten. Und ich vermute, dass das auch auf Sie zutrifft.

Das Leben ist **kurz**, und die Welt ist klein
– aber sie ist auch sehr, sehr **groß**.

Beschäftigen Sie sich also mit dem Thema Perspektive. Konzentrieren Sie sich auf das Gute. Lächeln und lachen Sie mehr. Das Leben ist kurz, und die Welt ist klein – aber sie ist auch sehr, sehr groß.

KAPITEL 86

GÄSTE SIND GOTT

Einige der tiefgründigsten Lektionen über das Leben habe ich von Taxifahrern gelernt. Möchten Sie eine große Weisheit erfahren? Steigen Sie in ein Taxi. Legen Sie Ihr Smartphone weg und lernen Sie den Menschen kennen, der hinter dem Steuer sitzt. Er unterhält sich jeden Tag mit Hunderten von Menschen. Sehr oft ist er weiser, als Sie es sich vorstellen können. Daran wurde ich gestern Abend erinnert.

Während ich dieses Kapitel schreibe, befinde ich mich in Mumbai. Hier halte ich ein ganztägiges Führungsseminar und heute Abend einen Vortrag für die Young Presidents' Organization. Ich liebe diesen Ort. Ich liebe das Essen. Ich liebe die Energie. Ich liebe die Menschen. Der Name des Taxifahrers war Ramesh Sharma. Er sah meinen Namen auf der Taxirufliste. »Robin Sharma ... woher kommt Ihr Vater?« Wir begannen eine längere Unterhaltung (der Verkehr in Mumbai ist verrückt – wir hatten viel Zeit) und kamen wirklich ins Gespräch. Er lachte wie ein Kind – Inder gehören zu den fröhlichsten Menschen, die ich auf der Welt getroffen habe. Er erzählte mir von seiner Familie, seiner Leidenschaft fürs Lesen und seiner Philosophie. Und dann sagte er etwas, das ich nie vergessen werde.

»Im Norden Indiens, wo ich herkomme«, bemerkte er mit Stolz, »ist ein Gast Gott. Wenn jemand zu uns nach Hause kommt, behandeln wir ihn mit dem größten Respekt und der größten Liebe. Selbst wenn wir auf das Essen verzichten müssen, sorgen wir dafür, dass die Gäste gut versorgt sind. Das ist unsere Kultur. Das macht uns Freude.« Beeindruckend.

Behandeln auch Sie in Ihrem Leben und in Ihrem Unternehmen Ihre Gäste »wie Götter«? Ist dieser Gedanke ein Teil Ihrer persönlichen und organisatorischen Kultur? Und erlauben Sie mir die Frage: Wie sähe Ihr persönliches Leben aus, wenn Sie jeden, der Sie besucht und in Ihren Tagesablauf eingreift, wie einen Gott behandeln würden (egal, ob es sich um ein Familienmitglied oder einen Fremden von der Straße handelt)? Wie sähe Ihr Berufsleben aus, wenn Sie Ihre Kunden mit Ehrfurcht und Bewunderung behandeln würden? Sie würden Weltklasse sein. Sie würden erfolgreicher sein. Sie würden glücklicher sein. Sie würden Großartiges leisten.

Behandeln auch Sie in Ihrem Leben und in Ihrem Unternehmen Ihre **Gäste** »wie Götter«?

Gehen Sie heute eine halbe Stunde früher von der Arbeit nach Hause. Steigen Sie in ein Taxi und fahren Sie eine Runde. Nehmen Sie keine Zeitung und kein Telefon mit. Bringen Sie einfach einen offenen Geist (und einen Stift) mit. Und lernen Sie den Menschen kennen, der mit Ihnen im Auto sitzt. Es könnte Ihnen gefallen, was Sie hören.

KAPITEL 87

DIE SCHÖNHEIT DER ZEIT

Zeit ist ein wundervolles Gut. Sie ist ein Teil der Hardware des Lebens. Was Sie mit ihr machen, bestimmt in vielerlei Hinsicht, wie Ihr Leben aussieht. Und doch wünscht sich fast jeder von uns mehr Zeit, während wir die Zeit, die wir haben, falsch nutzen.

Ich bin kein Guru, das wissen Sie. Aber ich bin ziemlich gut darin geworden, meine Zeit richtig zu nutzen. Vergeudete Zeit ist verlorene Zeit, und die große Erkenntnis über die Zeit ist, dass man sie, wenn sie einmal verloren ist, nie mehr zurückgewinnen kann.

Die **große** Erkenntnis über die Zeit ist, dass man sie, wenn sie einmal verloren ist, **nie mehr** zurückgewinnen kann.

Kürzlich habe ich gelesen, dass John Templeton, der berühmte amerikanische Fondsmanager, nie ohne ein Buch in seiner Aktentasche irgendwohin ging. So konnte er, wenn er in einer langen Schlange stand, die Wartezeit zum Lesen, Lernen und persönlichen Wachstum nutzen. Ich habe auch im *Rolling Stone* gelesen, dass Madonna es hasst, Zeit zu verschwenden. Sie nahm immer ein Buch mit, wenn sie in einen Nachtclub ging, um die Zeit, in der sie nicht tanzte, effizient zu nutzen. Meine Coaching-Kunden sind genauso. Und sie führen ein großartiges Leben, weil sie sich so sehr dem Zeitmanagement verschrieben haben.

Ich möchte damit keineswegs behaupten, dass jede Minute Ihrer Tage, Wochen und Monate verplant sein muss. Seien Sie spontan. Seien Sie spielerisch. Seien Sie frei. Ich bin im Grunde meines Herzens ein freier Geist. Ich finde nur, dass die Menschen, die am meisten Zeit für Spaß und Vergnügen haben, jene Menschen sind, die wissen, wie man plant und dann seine Zeit effizient nutzt. Meiner Erfahrung nach sind die Menschen, die am meisten Stress empfinden und ständig unter Druck stehen, diejenigen, die das Leben dem Zufall überlassen und sich keine Zeit nehmen, Zeitpläne aufzustellen, Ziele zu formulieren und ihre Pläne zu durchdenken. »Angst wird durch einen Mangel an Kontrolle, Organisation, Vorbereitung und Aktion verursacht«, erklärte der Lebens- und Gesundheitsberater David Kekich. Ein kraftvoller Gedanke.

KAPITEL 88

Über Berge und die Bewältigung von Veränderungen

Ich habe gerade einen Leser bei einer Buchsignierung getroffen. Er war ein Zyniker – sogar noch, nachdem er eines meiner Bücher gelesen hatte. Keine Sorge, nicht jeder ist offen für meine Worte. Und ich habe nicht das Bedürfnis, recht zu haben. Ich teile nur die Philosophie, die ich für wahr halte. Wenn jemand damit nicht einverstanden ist – nun, es mag auch nicht jeder Kaffee. Die Meinungsvielfalt ist es, die das Leben so interessant macht. Dieser Leser war allerdings sehr nett. Er sagte, dass ihm das Buch eigentlich gut gefiele, er glaube nur nicht, dass es ihm helfen würde. Hmmm.

Glaube und Überzeugung können Berge versetzen. Und wenn man nicht daran glaubt, dass eine Idee funktioniert, hat man auch keine Chance, sie umzusetzen (und wenn man nicht handelt, wie soll man dann Ergebnisse erzielen?). Der Gedanke ist die Mutter der Tat, und Ihre Überzeugungen werden tatsächlich zu sich selbst erfüllenden Prophezeiungen.

Ich habe viel über die Kommentare des Lesers nach der Buchsignierung nachgedacht. Wenn ich die Gelegenheit hätte, ihn noch einmal zu treffen, würde ich die Metapher des Bergsteigens verwenden, um ihm dabei zu helfen, zu verstehen, dass Menschen tatsächlich dauerhafte Veränderungen erreichen können. Ich möchte Ihnen meine Überlegungen zu diesem Punkt darlegen. Vor allem drei Gedanken, so glaube ich, können Ihnen helfen, die Ideen, die ich bisher in diesem Buch vorgestellt habe, in Ihr Leben zu integrieren, damit Sie echte und dauerhafte Ergebnisse erzielen:

> **Definieren Sie, wie der Berggipfel aussieht, den Sie erreichen wollen.** *Ich schlage vor, dass Sie schriftlich formulieren, worin der Erfolg besteht, den Sie erreichen wollen. Notieren Sie, was sich in Ihrem Leben ändern muss, damit Sie sich spektakulär erfolgreich fühlen, und was geschehen wird, wenn Sie sich nicht verbessern. Halten Sie dann Ihre Ziele für alle wichtigen Bereiche Ihres Lebens fest. Schreiben Sie auf, wie Ihre Realität in fünf Jahren aussehen soll. Listen Sie die Werte auf, für die Sie stehen wollen. Klarheit geht dem Erfolg voraus – und Bewusstheit geht der Veränderung voraus.*

> **Beginnen Sie mit dem Aufstieg.** *Es liegt eine große Kraft im Beginnen (ich nenne es die Kraft des Anfangs). Ein einziger Akt, der jetzt ausgeführt wird, setzt Kräfte in Gang. Er erzeugt eine Dynamik. Und mit dieser Handlung beginnen Sie, positive Ergebnisse zu erleben.*

Damit wird eine positive Rückkopplungsschleife in Gang gesetzt: mehr Handlung, mehr Ergebnisse. Und das wiederum fördert das Selbstvertrauen.

Man gelangt nicht auf den **Gipfel** des Mount Everest, indem man den Berg hinaufspringt. Man erreicht den Gipfel, indem man **Schritt für Schritt** vorankommt. Schritt für Schritt nähert man sich dem Ziel.

Machen Sie kleine Schritte. *Man gelangt nicht auf den Gipfel des Mount Everest, indem man den Berg hinaufspringt. Man erreicht den Gipfel, indem man Schritt für Schritt vorankommt. Schritt für Schritt nähert man sich dem Ziel. Jeder Schritt bringt Sie Ihrem Traum näher. So ist es auch im Leben. Kleine Schritte jeden Tag bringen Sie im Laufe der Zeit zu Großem. Und warum? Weil die Tage zu Wochen werden und die Wochen zu Monaten und die Monate zu Jahren. Sie kommen so oder so ans Ende Ihres Lebens – warum sollten Sie diesen Punkt nicht als außergewöhnlicher Mensch erreichen?*

KAPITEL 89

WAS IST EIGENTLICH MIT DEM WÖRTCHEN »BITTE«?

Ich war gerade bei Starbucks und habe einen Soja-Latte getrunken (ich liebe ihn mit braunem Zucker). Die Frau neben mir holte sich ihren Kaffee von der Barista ab und sagte dann: »Kann ich ein Tablett haben?« Sie sagte es nicht unfreundlich – sie war einfach nicht höflich. Das hat mich zum Nachdenken gebracht. Was ist eigentlich mit dem Wörtchen »Bitte«?

Für mich bedeutet »Bitte« so viel wie: »Ich respektiere Sie.« »Danke« bedeutet: »Ich weiß Sie zu schätzen.« Gute Umgangsformen zeigen den Menschen um einen herum, dass sie einem wichtig sind. Mir gefällt der Satz von Frankie Byrne: »Respekt ist schlicht Liebe in Zivilkleidung.« Wie oft haben Sie schon in einem Geschäft etwas gekauft oder in einem Restaurant etwas bestellt und sich einfach nur nach guten Manieren gesehnt?

Authentischer Erfolg ist nichts Kompliziertes. Es kommt nur darauf an, dass man sich an bestimmte Grundgegebenheiten und -erfordernisse hält. Menschen, die es zu etwas gebracht haben, gehen diese Grundlagen Stück für Stück an, Tag für Tag, über viele Monate und Jahre hinweg. Das ist gar nicht so schwer. Man muss sich nur täglich in kleinen Schritten um ein paar wichtige Dinge kümmern. Wenn man dies über einen längeren Zeitraum tut, zeigen sich erstaunliche Ergebnisse. Die Besten unter uns tun einfach die Dinge, von denen die meisten von uns intuitiv wissen, dass wir sie tun sollten, um wirklich ein außergewöhnliches Leben zu leben. Und sie tun es konsequent. Dazu gehört ganz wesentlich, oft »Bitte« zu sagen.

Gute Manieren sind eine Voraussetzung, um zu einem bemerkenswerten Menschen zu werden, sei es als Mutter, Vater, Verkäufer oder Firmenchef. Sie zeigen den anderen Menschen wirklich, dass man sie respektiert. Ja, gute Umgangsformen sind eine Selbstverständlichkeit. Aber wie der französische Philosoph Voltaire einmal sagte: »Der gesunde Menschenverstand ist nicht so verbreitet.« Doch wenn all diese Dinge so offensichtlich sind, warum beherzigen sie dann die meisten Menschen nicht?

Gute **Manieren** sind eine Voraussetzung, um zu einem **bemerkenswerten** Menschen zu werden.

KAPITEL 90

BON JOVI UND DIE MACHT DER FOKUSSIERUNG

Jemand erzählte mir vor einiger Zeit, dass Jon Bon Jovi ein Fan meines Buches *Der Mönch, der seinen Ferrari verkaufte* sei. Das ist interessant. Ich habe den Mann immer für seine Leidenschaft und seine Musik bewundert. Heute Morgen habe ich ein Lied von ihm gehört, in dem er singt: »Wenn die Welt mir in die Quere kommt, sage ich: Schönen Tag noch.« Das veranlasste mich, ein wenig über Bon Jovi nachzudenken, über seine lange Karriere und darüber, warum er nach so vielen Jahren immer noch erfolgreich ist.

Es liegt eine große Kraft darin, sich auf das zu konzentrieren, was man will. Diese Tatsache scheint so offensichtlich zu sein, dennoch übersehen sie die meisten von uns. Träume können wahr werden. Sie können in Ihrer Karriere an einen Ort gelangen, der das Außergewöhnliche repräsentiert. Sie können eine Liebe finden, die tiefer ist, als Sie es sich je vorgestellt haben. Sie können Vitalität auf einem Weltklasseniveau verwirklichen und dauerhafte Erfüllung finden. Aber

Sie müssen sich konzentrieren. Der Mensch, der versucht, alles zu erreichen, erreicht letztlich nichts. Die meisten Menschen versuchen, alles für alle zu sein. Und so werden sie am Ende für niemanden etwas sein. Konfuzius hat es sehr schön auf den Punkt gebracht: »Wer zwei Kaninchen jagt, fängt keines von beiden.« Ein wahrer Gedanke.

Worauf man sich konzentriert, das wächst und verstärkt sich. Worauf Sie sich konzentrieren, davon sehen Sie mehr in Ihrem Leben. Denken Sie über diesen Satz nach. Konzentrieren Sie sich darauf, Ihre Finanzen zu beherrschen, und Sie werden sehen, wie sich Ihr wirtschaftliches Leben verbessert. Konzentrieren Sie sich darauf, liebevoller zu sein, und Ihre Beziehungen werden sich verbessern. Konzentrieren Sie sich auf Ihre physische Kondition, indem Sie Sport treiben und sich bewusster ernähren, und Ihre Gesundheit wird sich verbessern. Fokussieren. Fokussieren. Fokussieren. Das ist es, was die Besten der Besten tun. Sie konzentrieren sich in einem Tunnelblick auf ihre wichtigsten Aufgaben. Sie bleiben konzentriert bei ihrer Arbeit, anstatt ihre Brillanz zu verzetteln. Vor einigen Monaten aß ich mit einem Milliardär und Kunden von mir zu Abend. Ich fragte ihn, was das Beste gewesen sei, das er getan habe, um zu finanzieller Meisterhaftigkeit zu gelangen. »Ich habe dieses Ziel zu meinem einzigen Bezugspunkt gemacht«, antwortete er umgehend.

Der Mensch, der versucht, **alles** zu erreichen, erreicht letztlich **nichts**.

Zurück zu Jon Bon Jovi. Soweit ich weiß, lebt er noch und es geht ihm gut, weil er eine Vorstellung davon hatte, welche Art von Musik er machen wollte und wie weit er damit kommen könnte, und dann hat er sich auf diese Mission konzentriert. Ich habe gehört, dass er auch harte Zeiten durchgemacht hat (willkommen im Club). Aber er hat nicht aufgegeben. Er hat nicht das Opfer gespielt. Er blieb stark, und er blieb auf Kurs. Er ist seinen Fans und sich selbst treu geblieben.

KAPITEL 91

ERSTELLEN SIE EINE LISTE DER 101 DINGE, DIE SIE NOCH ERLEDIGEN MÖCHTEN, BEVOR SIE STERBEN

Das ist eine tolle Idee. Sie stammt aus einem Artikel über Ted Leonsis, den ehemaligen stellvertretenden Vorstandsvorsitzenden von AOL. Vor einigen Jahren saß er in einem Flugzeug, das in heftige Turbulenzen geriet. Es ist nicht abgestürzt, aber die Begegnung mit dem Tod hat seine Sicht auf das Leben – und sein Leben im Besonderen – verändert. Gleich nachdem er aus dem Flieger ausgestiegen war, entschloss er sich, mit mehr Leidenschaft, Zielstrebigkeit und Intensität zu leben. Also nahm er ein Blatt Papier zur Hand und schrieb eine Liste mit den 101 Dingen auf, die er unbedingt noch vor seinem Tod erledigen wollte. In Anlehnung an sein Beispiel habe ich das Gleiche getan. Es hat Wunder gewirkt.

Es erstaunt mich immer wieder, wie wirkungsvoll die schriftliche Festlegung von Zielen ist. Fragen Sie einfach jemanden, der dies regelmäßig tut. Leonsis, dessen Liste sehr umfassend war und von der Gründung einer Familie bis zum Erwerb eines Sportunternehmens reichte, hat zwei Drittel der Ziele, die er notiert hatte, erreicht. Klarheit geht dem Erfolg eindeutig voraus. Und wenn man sich bewusst macht, was am wichtigsten ist, trifft man auch klügere Entscheidungen.

Was mich betrifft, so verfolge ich meine Träume immer noch mit Nachdruck. Aber viele der Ziele auf meiner Liste habe ich erreicht, darunter die Gründung einer Wohltätigkeitsorganisation, die benachteiligten Kindern ermöglichen soll, zu Führungskräften zu werden, den Sonnenuntergang auf der kleinen griechischen Insel Santorin zu beobachten und meinen Kindern Michelangelos *David*-Statue zu zeigen. Doch ich habe erst angefangen. Das sollten Sie auch tun.

Er nahm ein Blatt Papier zur Hand und schrieb eine Liste mit den **101** Dingen auf, die er **unbedingt** noch vor seinem Tod erledigen wollte.

KAPITEL 92

VERBRINGEN SIE ZEIT MIT IHREN KINDERN

Nur wenige Menschen bedauern am Ende ihres Lebens, dass sie nicht mehr Geld verdient haben. Das kommt einfach nicht vor. Wir bereuen, dass wir bestimmte Orte nicht besucht haben, dass wir Freundschaften nicht gepflegt haben, dass wir bestimmte Risiken nicht eingegangen sind oder dass wir mit Menschen, die uns nahestehen, zu wenig unternommen haben. Das bringt mich zu einem Punkt, den ich unbedingt ansprechen muss: Verbringen Sie Zeit mit Ihren Kindern.

Ich liebe, was ich tue. Natürlich fliege ich viel mit Flugzeugen (ich fühle mich bei jedem Start immer noch wie ein Kind). Ich besuche große Veranstaltungen an coolen Orten. Ich habe viele tolle Gespräche mit interessanten Menschen aus allen Bereichen des Lebens und viele wunderbare Gelegenheiten, meine Botschaft mit Menschen zu teilen, die damit etwas anfangen können. Aber nichts – und ich meine wirklich nichts – ist mir wichtiger, als ein guter Vater zu sein. Ich habe mit zu vielen Führungskräften zusammengearbeitet, die den Gipfel des Berges erklommen hatten und feststellen mussten, dass sie auf dem Weg dorthin das Wichtigste verloren hatten.

Es liegt in der menschlichen Natur, jene Menschen, die uns am meisten lieben, als etwas Gegebenes anzusehen. Ich sage nicht, dass das gut ist – ich sage nur, dass wir einfach so veranlagt sind. Wir müssen unserer Natur widerstehen und ein Gefühl der Dankbarkeit für unsere Familie entwickeln. Gehören Sie nicht zu jenen Menschen, die erst einen Verlust (durch Scheidung oder Tod) erleben müssen, bevor sie sich des Segens bewusst werden, den sie haben. Ich habe erlebt, dass das geschieht. Immer wieder. Bei Menschen auf der ganzen Welt.

Wenn Sie nur noch eine halbe Stunde zu leben hätten, würden Sie zum Telefon greifen, um den Menschen, die Ihnen am nächsten sind, zu sagen, wie sehr Sie sie lieben. Dann würden Sie nach Hause laufen und wahrheitsgetreu und aus tiefstem Herzen über die Liebe sprechen, die Sie empfinden. Denken Sie nur an die Tragödie vom 11. September 2001. Ich erinnere mich noch an die Anrufe der Menschen, die in den Türmen gefangen waren. Herzzerreißend.

Wenn Sie nur noch eine **halbe Stunde** zu leben hätten, würden Sie zum Telefon greifen, um den Menschen, die Ihnen am **nächsten** sind, zu sagen, wie sehr Sie sie lieben.

Ich weiß, Sie sind beschäftigt. Es gibt immer viel zu tun. Sie müssen viele Orte besuchen und Menschen treffen. Aber nehmen Sie sich eine Minute Zeit, hier und jetzt, um anzurufen. Sagen Sie Ihren Kindern, wie sehr Sie sie lieben. Sagen Sie Ihrer Frau oder Ihrem Mann oder Ihrer Mutter oder Ihrem Vater oder Ihrem Bruder oder Ihrer Schwester oder Ihrem besten Freund, was Sie für sie empfinden. Sie werden es nicht bereuen. Glauben Sie mir.

KAPITEL 93

ALBERN SIE HERUM BEI DER ARBEIT

Was bringt es, etwas zu tun, wenn man keinen Spaß dabei hat? Das Leben ist einfach zu kurz, um unglücklich zu sein, finden Sie nicht auch? Die besten Unternehmen sind Orte, an denen man Spaß hat. Natürlich verlangen sie exzellente Leistungen, unermüdliche Innovation und eine hervorragende Umsetzung der Vorgaben. Aber sie fördern auch den Spaß und das Vergnügen. Wenn man bei der Arbeit glücklich ist und lacht, wirkt sich dies positiv auf die Zusammenarbeit, die Kreativität und das Engagement aus. Ein Unternehmen, dessen Mitarbeiter sich gut verstehen, bleibt eine Einheit. Zusammenhalt fördert den Spaß. Und Spaß ist gut für die Produktivität, denn Menschen machen gerne Geschäfte mit Menschen, die gerne Geschäfte machen.

Das Leben ist einfach **zu kurz**, um unglücklich zu sein.

Lassen Sie uns jetzt über Ihr Privatleben sprechen. Haben Sie Spaß? In meinen Zwanzigern und Dreißigern war ich eher ein ernster Mensch. »Der Sinn des Lebens ist ein Leben mit Sinn«, das war meine Überzeugung. Ich wollte die Welt verändern und versuchte dies, indem ich auf dienende Weise führte. Ich arbeitete hart und spielte wenig. Erst vor Kurzem hatte ich ein wichtiges Aha-Erlebnis, als ich erkannte, wie wichtig Spaß auf meiner Reise durchs Leben ist. Ich bin jetzt anders. Ich habe immer noch den Gipfel des Berges vor Augen, aber ich bin viel aufmerksamer geworden, um den Aufstieg zu genießen. Ich albere ständig mit meinen Kindern herum. Ich fahre mit meinen Freunden Ski. Ich verlängere eine Geschäftsreise um einen Tag, um eine Kunstgalerie zu besuchen, so wie vor ein paar Wochen, als ich in London war. Denn wenn man sich amüsiert, ist das Leben viel schöner. Und macht auch viel mehr Spaß.

KAPITEL 94

GROSSES DESIGN WIEDERENTDECKEN

Ich schreibe dieses Kapitel am Frankfurter Flughafen. Da ich hier in Deutschland bin, kann ich nicht umhin zu bemerken, dass Design in diesem Land eine wichtige Rolle spielt. Die Handtuchspender in den Toiletten funktionieren tadellos und sind genial. Die Kaffeeautomaten in der Lounge lesen gewissermaßen meine Gedanken. Die Gepäckwagen sind nicht nur funktional, sie sind auch schön. Die Deutschen haben es verstanden – Design ist wichtig.

Ford hat sich neu aufgestellt als Designfirma, die Autos verkauft. Das gefällt mir. In einer Welt, in der die Verbraucher mehr Auswahl denn je haben, ist gutes Design eine der besten Möglichkeiten für Sie, für Ihre Produkte und Ihr Unternehmen, aus der Masse herauszustechen und die Aufmerksamkeit auf sich zu ziehen. Schauen Sie sich den iPod von Apple an, eines der attraktivsten Geräte, das Sie je gesehen haben (ich würde nicht im Traum daran denken, ohne meinen zu verreisen). Sicher, 10 000 Songs in der Hosentasche zu haben, ist fantastisch. Aber es ist das Design, in das wir uns verliebt haben. Sehen Sie sich das iBook von Apple an. Schauen Sie sich eigentlich fast alles an, was dieses kreative und mutige Unternehmen hervorbringt, und Sie werden sehen, wie Weltklasse in Sachen Design aussieht.

Suchen Sie auf Google nach Philippe Starck, einem Designgenie. Schauen Sie sich an, was er zusammen mit seinem Partner Ian Schrager vor mehreren Jahrzehnten unternommen hat, um die Kategorie der Luxushotels zu schaffen, bei denen Leuten die Kinnlade herunterfällt, wenn sie sie betreten. (St. Martin's Lane in London und The Hudson in New York sind immer noch zwei meiner Lieblingsorte zum Übernachten.) Das ist es, was gutes Design ausmacht. Oder investieren Sie in eine Bodum French Press. Macht super Kaffee. Sieht in meiner Küche toll aus. Ihr schickes Design hat mich dazu inspiriert, allen Leuten, die ich kenne, davon zu erzählen. Ein hervorragendes Design erzeugt Werber für das Produkt. »Geschäftsleute müssen Designer nicht besser verstehen. Sie müssen selbst Designer sein«, so Roger Martin, der Dekan der Rotman School of Management in Toronto.

»Geschäftsleute müssen Designer nicht besser verstehen. Sie müssen selbst **Designer** sein.«

Das ist ein wichtiger Gedanke, den Sie mitnehmen können: Der Mensch braucht Geheimnisse, um im Leben glücklich zu sein. Wenn das Leben langweilig ist, erleben wir keine Freude. Gutes Design trägt zu diesem Geheimnis bei. Es macht das Leben interessant. Es verbindet uns mit dem Künstler, der in jedem von uns wohnt. Es überrascht uns. Und ist es nicht eines der Hauptziele, Menschen zu überraschen, wenn man geschäftlich tätig ist und ein außergewöhnliches Leben führt?

KAPITEL 95

ÜBER EVIAN-WASSER UND SIE ALS GROSSEN TRÄUMER

Wenn die Leute nicht mindestens einmal pro Woche über Sie und Ihre Ideen lachen, dann gehen Sie nicht an die Grenzen.

Da, ich habe es gesagt. Das musste sein. Ich habe es satt, langweilige Unternehmen und Menschen zu sehen, die Angst haben, den weniger befahrenen Weg zu nehmen. Die meisten Dinge, die uns mit Angst erfüllen, passieren nie, warum sollte man sich also von ihnen kleinhalten lassen?

Großartige Menschen gehen auf ihre Widerstände zu und dringen an die Ränder ihres Lebens vor. Und großartige Unternehmen verbringen weit weniger Zeit damit, sich mit anderen zu messen, als neue Wege zu finden, ihren Kunden einen unvergleichlichen Mehrwert zu bieten. Und warum? Weil die Welt keinen besseren Klon braucht. Wir brauchen nicht noch mehr Nachahmer. Die Welt braucht mehr Menschen und Unternehmen, die uns überraschen und erstaunen. Die unsere Welt erschüttern. Die Welt braucht mehr großartige Ideen, an die noch niemand gedacht hat, um unsere Kunden zu erfreuen, unsere Gemeinschaften zu bereichern und den Planeten zu verbessern. Die Welt braucht mehr Visionäre, Träumer und regelrechte Revolutionäre. Mir gefällt, was Tom Chappell, der Gründer von Tom's of Maine, einmal sagte: »Erfolg bedeutet, dass man sich nie von der Konkurrenz definieren lassen darf. Stattdessen muss man sich selbst auf der Grundlage eines Standpunkts definieren, der einem am Herzen liegt.« Sehr schön.

Ein Kunde teilte mir kürzlich mit, dass er es für gewagt halte, dass ich und mein Team auf unserer neu gestalteten Website ein Bild von mir mit geschlossenen Augen zeigen, auf dem ich eine Taube halte. »Was sollen all Ihre Firmenkunden wie Microsoft, IBM, Nike und FedEx davon halten?«, fragte er. »Diese Unternehmen stehen für Neuerfindung und Innovation«, antwortete ich. »Ich denke, sie werden diesen mutigen Schritt begrüßen.« Der Designer der neuen Multimediashow, die ich bei meinen Präsentationen vorführe, meinte, die von mir gewählten Farben seien riskant, weil sie keine »Standard-Unternehmensfarben« seien. »Danke für das Kompliment«, scherzte ich. Die Wirtschaft braucht mehr Wagemut. Die Wirtschaft braucht mehr Menschen, die bereit sind, Risiken einzugehen und sich auf dünnes Eis zu wagen. Die Wirtschaft braucht mehr Menschen wie Richard Branson, der mit Hingabe daran arbeitet, mit seinem Unternehmen Virgin Galactic Touristen ins All zu befördern. Ich mag Menschen wie ihn. Sie inspirieren mich.

Die Wirtschaft braucht mehr **Wagemut**. Die Wirtschaft braucht mehr Menschen, die bereit sind, Risiken einzugehen und sich auf **dünnes Eis** zu wagen.

Alle Innovatoren werden zunächst belächelt. Das ist nun einmal so. Kolumbus wurde ausgelacht, als er behauptete, die Erde sei rund. Man lachte über die Gebrüder Wright, die überzeugt waren, dass ein Mensch fliegen kann. Man lachte über die Jungs von RIM, als sie den BlackBerry auf den Markt brachten. Die Leute lachten über den Gründer von Evian, der glaubte, die Menschen würden Geld für Wasser bezahlen. Wer lacht jetzt? Ich denke, das Universum begünstigt wirklich die Mutigen.

Die Menschen zahlen für Originalität (das ist eine tolle Idee). Sie wollen in Ihrem Geschäft führend sein? Seien Sie anders. Lassen Sie die anderen lachen. Lassen Sie sich verrückt nennen. Lassen Sie die anderen kichern. Bleiben Sie Ihrer Vision treu. Träumen Sie größer. Seien Sie nicht gewöhnlich. Denn das ist der Kuss des Todes, soweit ich das beurteilen kann.

KAPITEL 96

SEIEN SIE WIE GARTH

In diesem Buch habe ich Sie dazu ermutigt, »ohne Titel zu führen«, vollkommen in Ihrer Rolle aufzugehen und etwas zu bewirken. Es gibt einen Mann, der die Philosophie, die ich predige, gelebt hat. Sein Name war Garth Taylor. Er ist 2005 verstorben. Ich möchte ihn ehren.

Dr. Garth Alfred Taylor wurde 1944 in Montego Bay auf Jamaika geboren. Er war ein begnadeter Augenchirurg, ein Familienmensch und – vor allem – ein Menschenfreund. Einer seiner Lieblingssprüche lautete: »Ich kam mit nichts auf diese Welt, und alles, was ich mitnehmen werde, ist mein Gewissen.« Ich nehme an, das hat er getan.

Durch meinen Bruder Sanjay, selbst ein herausragender Augenchirurg, wurde ich auf Dr. Taylor aufmerksam. Garth war ein Kollege von Sanjay und ein Fan meiner Bücher. Also signierte ich eines Morgens ein paar Exemplare für ihn und schickte sie weg. Wie ich hörte, hat er sich darüber sehr gefreut.

Dass Garth so viel Wirkung entfalten konnte, lag daran, dass er nicht nur Medizin praktizierte – er lebte sie. Mehr als 20 Jahre lang reiste er um die Welt, vor allem in Entwicklungsländer, und half selbstlos dabei, Menschen das Augenlicht zu retten. In seinen eigenen Worten: »Ich habe mein Nirwana vor 23 Jahren gefunden, indem ich vermeidbare Blindheit behandelte. Die Menschen bekommen dadurch nicht nur ihr Augenlicht zurück, sondern auch ihr Selbstwertgefühl.« Weil er sich kümmerte und den Mut hatte zu handeln, hat er das Leben von Tausenden von Menschen verbessert. Sanjay nahm an der Beerdigung von Dr. Taylor teil. Die Kirche war so voll, dass viele Menschen draußen auf der Straße stehen mussten.

»Ich kam mit **nichts** auf diese Welt, und alles, was ich mitnehmen werde, ist mein **Gewissen**.«

Da Sie sich nun allmählich dem Ende des Buches und unserer gemeinsamen Zeit nähern, lade ich Sie ein, über die Wahrheiten nachzudenken, die ich Ihnen mit allem gebührenden Respekt mitgeteilt habe. Überlegen Sie, wofür Sie stehen wollen und welchen Eindruck Sie hinterlassen werden. Und dann denken Sie über die Worte von Dr. Garth Taylor nach: »So lange ich atmen kann, werde ich weitermachen, weil ich glaube, dass ich dafür auserwählt wurde, nicht um Geld zu verdienen, nicht um eine Entschädigung zu erhalten, sondern einfach um die Lebensqualität meiner Mitmenschen zu verbessern.«

KAPITEL 97

NICHT AUFGEBEN

Ich sitze hier in meinem Arbeitszimmer, während ich schreibe, trinke Kaffee und denke nach. Ich träume nicht. Ich verschwende keine Zeit. Ich mache mir keine Sorgen. Ich denke einfach nach. Das ist eine meiner liebsten Beschäftigungen. Meistens denke ich darüber nach, wie wichtig es ist, ein Gefühl für eine Mission zu entwickeln und dieser dann treu zu bleiben. Das ist freilich nicht leicht.

Ich habe festgestellt, je kühner meine Träume sind, desto mehr Hindernisse tauchen auf. Meine Lebensaufgabe ist recht einfach: Ich möchte Menschen helfen, außergewöhnlich zu werden, und Organisationen dabei unterstützen, Weltklasse zu werden. Ich arbeite leidenschaftlich daran, diesen Traum zu verwirklichen und meinen Teil dazu beizutragen, diese Welt zu einem besseren Ort zu machen. Das ist für mich nicht nur ein Geschäft – es ist meine Berufung. Aber je weiter ich komme, umso mehr werde ich auf die Probe gestellt. Kommt Ihnen das bekannt vor?

Aber Herausforderungen sind gut. Wir wachsen durch sie. Inmitten der Gefahr sind wir am lebendigsten. Karl Wallenda, der große Hochseilartist, hat es sehr schön gesagt: »Das

Leben findet auf dem Seil statt. Der Rest ist nur Warten.« Die Weisesten unter uns – die echten Führungspersönlichkeiten – lächeln im Angesicht von Widrigkeiten. Sie wissen, dass das Leben die großen Träumer – die leidenschaftlichen Revolutionäre – gern auf die Probe stellt. Es ist fast wie ein Ausleseprozess: Nur die Starken (und die Besten) können ihr Herzenslied leben. Mir gefällt sehr, was Jeff Bezos, der Gründer von Amazon, einmal sagte: »Ich wusste, dass ich es nicht bereuen würde, wenn ich scheitern würde, aber ich wusste auch, dass ich es mit Sicherheit bereuen würde, wenn ich es nicht versucht hätte.«

Ich werde mich also über alle Widerstände hinwegsetzen, die mir begegnen. Ich werde meinen Traum im Auge behalten. Ich werde festhalten an meiner Botschaft und meiner Mission. Denn diese Welt gehört uns Träumern – Ihnen und mir. Und ganz gleich, ob wir am Ende gewinnen oder nicht, wir werden etwas bewirkt haben. Und das reicht mir.

Das Leben stellt die großen Träumer – die leidenschaftlichen **Revolutionäre** – gern auf die **Probe**.

KAPITEL 98

SORGEN SIE FÜR SICH SELBST

Führung beginnt im Inneren. Organisatorische Führung beginnt mit persönlicher Führung. Man kann bei der Arbeit nicht großartig sein, solange man sich nicht selbst großartig fühlt. Sie können niemanden dazu bringen, sich gut zu fühlen, wenn Sie sich nicht selbst gut fühlen. Sie können keine Quelle positiver Energie sein, wenn Sie selbst keine Energie haben. Das Tor zum Erfolg schwingt nach außen, nicht nach innen.

Organisatorische Führung beginnt mit **persönlicher** Führung. Man kann bei der Arbeit nicht großartig sein, solange man sich nicht selbst **großartig** fühlt.

Hören Sie bei Ihrem nächsten Flug auf die Flugbegleiterin. »Setzen Sie sich selbst die Sauerstoffmaske auf, bevor Sie versuchen, anderen zu helfen«. Die Logik ist klar: Wenn Sie nicht atmen können, sind Sie für Ihre Mitmenschen nutzlos. Eine schöne Metapher für persönliche Führung. Nehmen

Sie sich die Zeit, für sich selbst zu sorgen. Bringen Sie sich in Topform. Lesen Sie interessante Businessbücher und inspirierende Autobiografien. Planen und verbessern Sie Ihre Fähigkeiten. Arbeiten Sie mit einem Coach. Verbringen Sie viel Zeit mit geliebten Menschen. Tauchen Sie ein in die Natur. Genießen Sie das Leben, während Sie nach dem Erfolg streben.

Wenn Sie sich um sich selbst kümmern, können Sie anderen mehr geben. Indem Sie dafür sorgen, dass Sie Ihr Bestes geben können, wird Ihre Effektivität als Führungspersönlichkeit gesichert. Und wenn Sie sich die Zeit nehmen, das Leben zu genießen, wird es auch für andere angenehmer sein, mit Ihnen zusammen zu sein.

KAPITEL 99

Raten Sie mal, wer mich inspiriert?

Bei einer Buchsignierung stand neulich ein Mann auf und fragte: »Robin, was treibt Sie eigentlich an? Was ist die Quelle Ihrer Energie? Wer inspiriert Sie?« Meine Antwort brachte alle zum Lachen. Ich sagte: »Sie.«

Ich **verspreche** Ihnen, dass ich weiter schreiben und Vorträge halten werde, wenn Sie weiter **lesen**.

So ziemlich alles, was ich tue, tue ich aus Liebe zu Ihnen, sei es, dass Sie ein Leser meiner Bücher sind oder ein Kunde, mit dem ich arbeiten darf. Zu hören, wie meine Ideen Ihnen zu persönlichem oder unternehmerischem Erfolg verholfen haben, bewegt mich zutiefst. So wie etwa die Frau bei einer Signierstunde, die erzählte, wie sie ihrem Mann *Der Mönch, der seinen Ferrari verkaufte* vorlas, als er auf dem Sterbebett seinem Krebsleiden erlag, um ihm in seinen letzten Momenten noch etwas Freude zu bereiten. Oder der Geschäftsmann, der mein Buch *Über die Kunst zu führen: Die acht Rituale visio-*

närer Führungskräfte las und nicht nur seinen geschäftlichen Erfolg steigerte, sondern auch seine Unternehmenskultur so umgestaltete, dass sie den Menschen gerecht wird. Oder die 18-Jährige, die mir erzählte, dass sie nach der Lektüre meines Buches *Wer wird um dich weinen, wenn du nicht mehr bist?* so inspiriert war, dass sie ihr eigenes Unternehmen gründete und nun ihre Träume lebt.

Ich fühle mich unglaublich gesegnet. Und warum? Weil ich mein Leben im Dienst anderer verbringen darf. Daher danke ich Ihnen. Ich bin Ihnen dankbarer, als Sie je wissen werden. Ich verspreche Ihnen, dass ich weiter schreiben und Vorträge halten werde, wenn Sie weiter lesen.

KAPITEL 100

WIE MAN EWIG LEBT

In den Köpfen und Herzen der nachkommenden Generationen weiterzuleben, bedeutet, den Tod zu überlisten. Etwas zu bewirken durch die Art und Weise, wie Sie führen und auftreten, das bedeutet, Unsterblichkeit zu finden. Einen dauerhaften Einfluss auf das Leben der Menschen zu haben, indem man ein außergewöhnlicher Champion bei der Arbeit oder ein großartiger Vater oder eine großartige Mutter zu Hause oder eine große Führungspersönlichkeit in der Gemeinschaft ist, bedeutet, ewig zu leben.

> In den Köpfen und Herzen der nachkommenden Generationen **weiterzuleben**, bedeutet, den Tod zu überlisten.

»Wirkung« ist heute eines meiner Lieblingswörter. Ähnliches gilt für das Wort »Vermächtnis«. Größe entsteht, wenn man etwas beginnt, das nicht mit einem selbst endet. Hören Sie also auf, sich um den Tod zu sorgen. Kümmern Sie sich mehr um das Leben. Darum, was Sie heute schaffen werden. Welchen Beitrag Sie heute leisten werden. Welchen Menschen Sie heute feiern werden. Welche Angst Sie heute besiegen werden. Welchen Akt der Freundlichkeit Sie heute anbieten werden. Welches soziale Übel Sie heute beheben werden. Welches Unrecht Sie heute korrigieren werden. Ich liebe diese Worte von Erzbischof Desmond Tutu: »Es gibt keine Situation, die nicht veränderbar ist. Es gibt keinen Menschen, der hoffnungslos ist. Es gibt keine Umstände, die nicht durch die Menschen und ihre natürliche Fähigkeit zu tiefster Liebe verändert werden könnten.«

Um Mel Gibsons Figur in *Braveheart* (einem meiner absoluten Lieblingsfilme) zu zitieren: »Jedermann stirbt, aber nicht jeder hat wirklich gelebt.« Ein wahres Wort.

KAPITEL 101

DIE EIGENE GRÖSSE EINFORDERN

Schuldzuweisung oder Anspruch – das ist die Entscheidung, die jeder von uns jeden Tag treffen muss. Schimpfen Sie über etwas, das nicht funktioniert, oder suchen Sie in einer scheinbar negativen Situation das darin verborgene Geschenk. Die Welt braucht mehr Helden. Und Helden verbringen ihre Tage mit der Suche nach dem Besten. Sie sehen das Beste inmitten von Widrigkeiten. Sie sehen das Beste in anderen. Sie graben nach dem Besten in sich selbst. Sie fordern ihre Größe ein. Und indem sie das tun, erschaffen sie sich ihr bestes Leben.

Es ist **nie** zu spät, jener Mensch zu werden, der Sie in Ihren **Träumen** schon immer sein wollten.

Ein außergewöhnliches Leben ist nicht nur etwas für die wenigen Auserwählten – für Menschen mit perfekten Zähnen und von königlichem Blut. Sie und ich sind zu Großem bestimmt. Wir sind dazu bestimmt, ein spektakuläres Leben zu führen. Das ist fest in unserem Erbgut verankert. Aber wir müssen unseren Teil dazu beitragen, dass dies alles geschieht. Entscheidung für Entscheidung. Schritt für Schritt. Kleine Erfolge führen schließlich zu großen Ergebnissen. Das Leben will wirklich, dass wir gewinnen. Wir müssen nur unseren Teil dazu beitragen.

Erheben Sie also Anspruch auf Ihre Größe. Schlagen Sie einen Pfahl in den Boden, um Ihren Platz an der Sonne zu markieren. Hören Sie auf, sich mit Ihrer Vergangenheit zu beschäftigen, und werden Sie zum Architekten Ihrer Zukunft. Und denken Sie daran: Es ist nie zu spät, jener Mensch zu werden, der Sie in Ihren Träumen schon immer sein wollten.

365 tägliche Inspirationen

Robin Sharma

Wir alle brauchen jeden Tag aufs Neue Inspiration. Um in der Arbeit, die wir verrichten, und in dem Leben, das wir führen, herausragend zu sein. Um unsere Träume verwirklichen zu können und um uns zu dem Menschen zu entwickeln, der wir sein wollen. Wir brauchen aber auch Inspiration, um schwere Zeiten im Leben zu überstehen und die besten Zeiten genießen zu können.

In diesem Werk destilliert Sharma die kraftvollsten Ideen aus seinen internationalen Bestsellern in ein leicht zu lesendes, immerwährendes Kalenderformat, das jeden Tag zu einem Geniestreich macht. Es zeigt, wie exponentieller Erfolg, die Überwindung von Widrigkeiten und Enttäuschungen sowie der Aufbau bemerkenswerter Beziehungen funktionieren können. Es ist gleichsam ein lebenslanger Begleiter auf Ihrem Weg, ein außergewöhnlicher Mensch zu sein – um ein Leben zu führen, auf das Sie stolz sein werden.

384 Seiten | Hardcover | 22,00 € (D) | 22,70 € (A) | ISBN 978-3-95972-611-5

Wer wird um dich weinen, wenn du nicht mehr bist?

Robin Sharma

Gefangen in unserer schnelllebigen Welt, jagen wir dem Erfolg hinterher, doch dabei bleibt vor allem eines auf der Strecke: die Gelegenheit, ein bedeutungsvolles Leben zu führen. Viele Menschen haben das Gefühl, dass das Leben zu schnell an ihnen vorbeizieht, ohne dass sie die Chance haben, es mit Bedeutung, Glück und Freude zu füllen. In diesem Buch vermittelt Robin S. Sharma, der mit seiner Reihe *Der Mönch, der seinen Ferrari verkaufte* weltweit Berühmtheit erlangte, wie jeder den komplexesten Problemen des Lebens mit einfachen Lösungen begegnen kann.

Dieses Buch ist ein Wegweiser zu einem Leben mit tiefer Bedeutung gemäß dem alten Sanskrit-Sprichwort: »Als du geboren wurdest, hast du geweint, während die Welt sich freute. Lebe dein Leben so, dass, wenn du stirbst, die Welt weint, während du dich freust.«

256 Seiten | Softcover | 18,00 € (D) | 18,60 € (A) | ISBN 978-3-95972-612-2

Finde deine Bestimmung

Robin Sharma

Dieses Buch erzählt die Geschichte von Dar Sanderson, einem Personalleiter mittleren Alters mit einem guten Job und einem schönen Haus. Trotz seines offensichtlichen Erfolges ist Dar zutiefst unglücklich und erkennt, dass sein gutes Leben ihn von seinem besten Leben abhält. Auf seinem Weg lernt er die 7 Stufen kennen, die jeder Mensch gehen muss, wenn er ein Leben mit dauerhaftem Glück und persönlicher Freiheit anstrebt. Denn letztlich liegen die Antworten, die Sie suchen, bereits tief in Ihnen. Sie sind bereits alles, was Sie schon immer werden wollten. Sie müssen nur noch die innere Arbeit leisten, die erforderlich ist, um störende Blockaden zu beseitigen und das Leben zu leben, das Sie sich immer gewünscht haben.

Robin Sharma schafft es, Antworten auf viele der größten Fragen des Lebens zu geben, um Ihnen aufzuzeigen, wie man erfolgreich und glücklich sein kann. Sharma kombiniert östliche Weisheit mit westlichen Erfolgsprinzipien und bietet in diesem inspirierenden und zugleich höchst praktischen Leitfaden eine Blaupause, um Ihre Sehnsüchte und Träume in Realität zu verwandeln.

288 Seiten | Softcover | 18,00 € (D) | 18,60 € (A) | ISBN 978-3-95972-642-9

Das Vermächtnis meiner Familie

Robin Sharma

Auf der Suche nach Erfolg wird oft vernachlässigt, was uns wirklich den Weg zu einem erfolgreichen Leben ebnet: das Leben zu Hause. Denn echter Erfolg beginnt genau dort – in den eigenen vier Wänden. Die Familienweisheit des Mönchs, der seinen Ferrari verkaufte, verhilft den Menschen dazu, ein glückliches, gesundes und außergewöhnlich lohnendes Leben zu Hause zu führen und dabei bemerkenswerte Kinder aufzuziehen.
Die richtige Balance zwischen Arbeit und Familienleben gestaltet sich im Alltag oft schwierig. Robin Sharma hat in diesem Buch inspirierende Werkzeuge und Denkanstöße gesammelt, die einem dabei helfen, sein Potenzial voll auszuschöpfen und das Leben wirklich zu leben und nicht nur dem Erfolg hinterherzujagen. Mithilfe von fünf Meisterschaften vermittelt Robin Sharma das richtige Mindset, um unser Leben klüger, glücklicher und erfüllter zu leben.

ca. 224 Seiten | Softcover | 18,00 € (D) | 18,60 € (A) | ISBN 978-3-95972-641-2